JN064313

米国経営の根底思想の研究

米国から導入した政策はなぜ不適合を起こしたのか

高岡義幸
Takaoka Yoshiyuki

ふくろう出版

米国経営の根底思想の研究

序　文

1）研究の動機

　これまで40年余、経営学の研究と教育に携わってきた。経営学の諸方策には日常生活においても応用できるものが少なくないので興味をもって研究に携わることができた。ただその研究においてもまた教育においても、筆者は常にある種のもどかしさを感じていた。もどかしさの内容を具体的に言えば下記のとおりである。

①　日本において経営学研究と言えば、欧米なかでも米国の経営学説や経営方策を紹介・導入することが相当の割合を占めているようだ。もちろんどの分野の研究であれ、有効性が高いと考えられるものは謙虚に学ぶ姿勢が重要であることは言うまでもない。しかし筆者は米国の経営方策の日本における有効性についてかねがね疑問を抱いてきた。もちろん有効性が全く無いとは言わない。しかし納得できる有効性を発揮することができなかった方策は少なくないのが実態ではなかろうか。例えば「成果主義」と言われる論理に基づく人事制度はその典型的な事例のひとつであろう。もうひとつ近年の事例を挙げるならコーポレート・ガバナンスの方策もそうであろう。

②　日本に導入された外国の経営方策が日本において十分な有効性を発揮することができないケースが少なくないのはなぜであろうか。それは経営方策の全体像をよく研究・吟味することなく、表層の形式のみが安易に輸入されるからではなかろうか。どのような制度や方策であれ、その周辺と基礎にはこの方策を有効に機能させるための付随的な法律や仕組みが数多くある。さらに言えば、ひとつの制度の根底には、その社会と時代に固有の社会思想や経済思想などが根底思想として存在する。この根底思想を無視あるいは軽視すると制度を有効に活用するための大きな障害となろう。特

に近年のように経済や経営のグローバル化が進展してくると、諸方策の根底思想を正確に理解しておかなかった故につまずくリスクは従来に比べて格段に多くなっていると考えられる。

③　もう一点挙げるなら、米国の学説や方策に対する姿勢である。端的に言えば、米国の学説や方策に対する「買いかぶり」である。言い換えれば米国の学説や方策には普遍的な有効性があるはずだとの思い込みである。これがあるために米国で形成された学説や方策を紹介する際には、「最先端の」学説を「遅れている」日本に紹介・導入するという論理が働く。研究者であれ実務家であれ、研究対象に対して偏見や憧れを抱くと対象に対する正確な理解と評価はできなくなるのは言うまでもない。

筆者はかねがねこのような認識をもっていたゆえに、米国の学説や方策に影響を与えているであろう根底思想の探究に着手した。もちろんこの研究作業には膨大な時間とエネルギーが必要となろう。そのため、ここにまとめたものはこの分野の扉を開ける程度のことかもしれない。しかし、さらに先に進むための第一歩としてまとめてみた。

2）本研究の目標と探究の手順

①　本研究の目標は米国経営の根底思想を探ることである。となればまず最初に、今日の米国経営の特徴を列挙し、それぞれの特徴の根底思想を探るべく時代を遡っていくのがひとつの探究方法であろう。しかし経営学が包含する内容は実に多様で広範囲に亘る。しかも経営の各特徴は全く縦割りに、他と無関係に生まれたのではない。そのため時代を遡る方法を採用すると各特徴に共通する思想は何度も取り上げなければならなくなり、かえって分かりにくい展開になりかねない。そのためここでは一つひとつの方策ごとに遡ることはせず、逆に、根底思想の始原とされている時代に遡り、そこから時代を下る手順で進めている。

②　米国の社会思想や経済思想の構造をザックリと言えば、それはヨーロッパの近代思想を継承した基礎的なものと、その上に築かれた米国固有のものによって形成されていると言うことができる。さらにヨーロッパの近代

思想の特徴を捉えるためには古代ギリシャの思想、具体的にはプラトンの存在論にまで遡る必要があるようだ。したがって本書では始原とみなされている古代ギリシャ哲学をひもとくことから始めて、時間の経過にしたがって時代を下っている。

3）本書の構成

①　本書は6つの章で構成されている。第1章では、ヨーロッパにおける思想の始原と言われている古代ギリシャ哲学に遡り、ヨーロッパ思想の基本構造の確認から考察を進めている。第2章ではヨーロッパの近現代思想が時系列的に展開されている。考察対象としては学問の主要テーマの変遷に従って、神、自然、人間、社会、歴史が取り上げられている。ここまでがヨーロッパ思想の確認である。

　続いて米国の思想に移り、第3章では建国期の思想形成が考察されている。第4章では米国経営の基礎となっているであろう思想が、経済、社会、宗教の各側面から考察されている。第5章では米国固有の哲学と言われるプラグマティズムの基本的特徴が考察されている。最後の第6章では米国の経営と科学的方法との結びつきが考察されている。近代科学の基本的探究方法に関する重点項目をまず確認し、続いて、米国の経営においては科学的探究方法がいかに重要視されているかが考察されている。

　ちなみに筆者が調査した限りでは、日本の大学の文系と言われる学部や学科では科学的探究方法の体系的教育がほとんど行われていないのではないかと考えられる。科学の方法、その有効性と限界などを体系的に身につけておくことは今後ますます重要になるものと筆者は確信している。

②　米国経営の根底思想を少しでも明らかにすることができれば米国経営の性格をより正確に捉えることが期待できる。また日本に導入される諸方策に対しても不当な尊崇を抱くことなく冷静に評価し活用する道が開かれるであろう。

2022年6月

高岡　義幸

目　次

第1章　ヨーロッパ思想の基本構造と
人間の自律意識の発展

導　入

　本章ではヨーロッパ近代思想の内容を、経営学の根底思想となっているで
あろう存在観や価値観に限定した側面から明らかにすることを目標としてい
る。したがって広範囲に亘る膨大なヨーロッパ近代思想の全体を思想史とし
て論じようとするものではない。

　ヨーロッパ近代思想を捉えるためにはその始原である古代ギリシャの哲学
にまで遡る必要があるようだ。したがってここでは、まず古代ギリシャの
philosophyの発想を確認することから始め、続いてその後の思想形成を階層
構造的発展として考察している。これらを踏まえた上で、およそ17世紀初め
から19世紀末までのヨーロッパ思想の発展を考察している。この間の思想の
発展は、端的に言えば、それまで不変で絶対的な公理とされてきた神学から
人間が距離を置き始め、神からの自律を計ろうとした思索の発展であったと
考えることができる。したがってここで言う自律意識とは人間同士の社会的
関係に見られるそれではない。これよりはるかに根本的で壮大な、神に対す
る人間の自律意識を意味している。

　本章ではヨーロッパ近・現代思想の中でも哲学分野の変遷を包括的に、し
かも深く捉えている木田元の「反哲学入門」（新潮社、平成24年）の内容に
主として依拠し、その他のいくつかの研究でこれを補っている。文芸評論家
の三浦雅士によれば、木田のこの著作では、「西洋の思想の歴史、とりわけ
その根幹であるいわゆる哲学の歴史が鷲づかみにされている」。筆者も、こ
の著作は日本における「哲学」観の迷いを解き、ヨーロッパにおける哲学の
特徴と変遷を体系的にかつ明快に論じたものと考える。

　本章は木田元の著作の研究ノートに加筆したものである。そのため木田元
の上記の著作を参照することが多いので、これからの引用箇所の表示は、簡

略化して本文中にページ数を表記するに止める。この著書以外のものを参考にした場合には、本章の末尾に通常の注記で表示する。

1. ヨーロッパ思想に登場する「哲学」と「理性」の意味およびその機能

1.1 「哲学」の意味

　哲学という語は日本の日常においてもしばしば用いられる。ただ日本でこの語に込められる意味は漠然としており、しかも各人各様の使い方がなされている。しかし「哲学」の原語である philosophyは「西洋」という文化圏に特有のもので、「ありとしあらゆるもの（存在するものの全体）が何か」を問う思考様式である。しかもその際、人間が感覚的に捉えることができない何らかの超自然的原理を設定し、これが根源要因となってあらゆるものは存在していると説明する論法が用いられる（木田、22-26）。設定される超自然的原理の名称は時代の推移に応じて次のように変化してきた（木田、43-44）。かっこ内は提唱者の名称で、その右は存在するもの、すなわち現象の説明である。

① イデア（プラトン）→イデアの模像、似姿
② 純粋形相（アリストテレス）→純粋形相を目指して運動しつつあるもの
③ 神（キリスト教神学）→神の創造したもの
　　キリスト教的人格神（アウグスティヌス）
　　実体形相（トマス・アクィナス）
④ 理性→理性によって認識されるもの
　　神的理性（デカルト）
　　人間理性（カント）
　　精神（ヘーゲル）

　したがって philosophyの訳語である「哲学」は元来はヨーロッパに固有の存在論とも言うべきもので、日本にはない。念のために付言するが、日本に「哲学」がないというのは卑下ではない。あらゆるものの存在を問う営み

は東洋にも日本にも、これに劣らぬものがある（木田、22）。ちなみにハイデガーも自分の思索の営みを「哲学」とは呼ばず、「存在の回想」（Andenken an das Sein）と呼んだりしている（木田、287）。この「哲学」を論じる際に「形而上学」という、研究者以外にはなかなか理解しがたい語がほぼ同じ意味で用いられることもあるため、日本での「哲学」理解をいっそう困難にしている。

1.2 「理性」の意味と機能

　ヨーロッパの思想を理解するためにも、本章の目的を達成するためにも、そのキーワードの一つとなるのが「理性」（ラテン語の ratio）であろう。字面だけを見ればこの語は日本でも日常的に用いられているが、ヨーロッパ思想に登場する「理性」はそれとは全く別物である。われわれ日本人が言う理性は人間の自然的能力の一部であるため生成消滅するし、その機能も有限である。しかしヨーロッパ思想に登場する「理性」は人間に生得的に備わっている観念・機能であり、しかもそれが創造主である神によって注入されたものとして位置づけられている。そのためそれは消滅はせず、無限の力を有している。このような「理性」を超自然的原理として全存在を論ずる主張は理性主義と呼ばれる。

　理性主義は17世紀前半に誕生し、その後ヨーロッパ思想の中核概念の一つとなる。理性主義の創始者とも言うべきデカルトの主張に基づいてその基本的特徴をもう少し確認しておこう。「理性」は三つに分類できる。一つは世界創造の設計図になった神の理性、つまり大文字の Ratio、第二はその設計図に従って世界に仕込まれた摂理、つまり理性的法則としての ratio、第三が神によって神の理性の似姿として人間に植え付けられた人間の ratio である。神的理性を論ずるのが神学、世界の理性法則を論ずるのが科学、人間に備わった理性とその機能を論ずるのが哲学である。この三つの理性の織りなす秩序を重視する哲学が理性主義、合理主義である。初期の「理性」は後のものとの対比で「古典的理性」とも呼ばれる（木田、168-169）。

　このように、「理性」は元来は神の能力である。デカルトは人間にも理性

が備わっていると主張したが、その人間理性も神の神的理性の出張所のようなもので、神による世界創造の設計図の一部と言い換えることもできる。したがってそれは全ての存在を明確に捉えることができる機能をもち、普遍的で客観的妥当性をもつ認識能力となる（木田、44-46）。デカルトの古典的理性にはこのような性格が最も色濃く現れているが、18世紀から19世紀にかけてヨーロッパにおいては神的理性への依存から脱して人間の自律を実現しようとする営みが次々と展開される。次節ではこれを、もう少し踏み込んで体系的に整理してみよう。

2．ヨーロッパにおける思想形成の階層構造と理性主義

2．1　第一層：実体論

　ヨーロッパ思想の形成要因を捉える際、下記のような階層構造として捉えると理解しやすい。ヨーロッパにおいて、全存在が何であるかが探求される際に、言い換えると自然概念が形成される際に最も基礎となっているのが実体論といわれる考え方であろう。

　これは存在を認識する際に、その最も根源的なものを措定し、万物はそれによって形成され規定されているとする考え方である。この根源的なものは英語では substanceという語で示される概念で、「下にあるもの」、「下で支えるもの」という意味であり、日本ではこれが「実体」あるいは「基体」と訳される。このような実体論的発想が最も根底にある第一層である。

2．2　第二層：古代ギリシャ哲学、特にプラトンの思想

　ヨーロッパ思想の形成要因を探求すると古代ギリシャ哲学に遡らざるを得ない。古代ギリシャには元来、自然を「おのずから生成し、変化し、消滅していくもの」とみる自然観があった。しかしプラトンはこれを否定して、イデアという概念を措定し、自然はこれを目指して「制作されるもの」という存在観を打ち出した。そこでは自然は「制作」の単なる「材料」（ラテン語ではマーテリア）にすぎなくなる。この「おのずから成るもの」という自然

観と「作られてあるもの」という自然観の対立、論者の名前でいえば、ソクラテス以前の思想家達の自然観とプラトン主義の対立がヨーロッパ思想の変遷の根底にはあるようだ。しかし圧倒的に強い影響を及ぼしてきたのはプラトン思想である。これが第二層である（木田、88-95, 112）。

　後に西洋思想の方向性を決定することになるプラトンの「イデア」について少し解説を加えておこう。イデアは idein（見る）という動詞から生まれた言葉で、プラトンはこの言葉によって、「魂の目」でしか見ることのできない、決して変化することのない物事の真の姿を指している。そしてわれわれの目の前にある全てのものはイデアの模像・似姿にすぎないと言う。人間には「魂の目」が備わっていて、その眼でしか見えない真の存在（＝イデア）に近づくことを目指して生きることこそ正しい生き方だというのがプラトンの考え方であった（木田、89-90）。

　本章の目的にとって重要なことを確認しておこう。一つは、超自然的原理としてのイデアが不変とされている点である。存在を静態的に捉える発想だと言えよう。いま一つは、イデアこそが本物の存在であり、われわれの目の前にある全てのものはイデアの模像に過ぎないとされている点である。これがずっと後に批判を浴びることになる。

2.3　第三層：キリスト教とその人格神

　キリスト教はヨーロッパ社会において、陰に陽にあらゆる局面で実に大きな影響を及ぼし続けていることは否めまい。特に古代末期にギリシャ思想と結合することによって教義が形成されて以来、下記のように実に大きな根底要因となってきた。

　まず紀元前3世紀から前2世紀にかけて、ユダヤ教の「聖書」のギリシャ語訳が作られている。その後、紀元1世紀頃、エジプトのユダヤ人思想家フィロンによってユダヤ教とプラトン哲学が結びつけられた[1]。彼は世界制作者によって宇宙は作られたと説くプラトンの宇宙論の枠組みを使って「聖書」の「創世記」を解釈して見せた。紀元3世紀にはアレクサンドリアにいたプロティノスがプラトン哲学に神秘主義的色彩を加味してこれを改造する

（＝新プラトン主義）。この新たなプラトン哲学を下敷きにしてキリスト教最初の壮大な教義体系がアウグスティヌス（354-430年）によって組織された。そして380年にはキリスト教がローマ帝国唯一の国教とされる（木田、112-116）。

　その後アウグスティヌスはキリスト教の護教論と教義論からなる大著「神の国」を書く。そこではプラトンの「二世界説」、すなわちイデア世界と、その模像である現実の世界があるとする説をベースとして「神の国」と「地の国」が説かれている。さらにプラトンの制作的存在論によって世界創造論を基礎づけ、キリスト教的人格神をイデアに替わる新たな超自然的原理として打ち立てた。このような内容から成るプラトン＝アウグスティヌス主義的教義体系はやがてローマ・カトリック教会の正統教義として承認され、ヨーロッパにおいて13世紀頃まで社会に影響を及ぼし続けることになる（木田、117-119）。

　13世紀まではプラトン哲学が最高の権威とされたが、十字軍の運動などを契機としてアリストテレス哲学もヨーロッパ社会で知られるようになる。折しもローマ・カトリック教会の政治介入などで教会の腐敗堕落が顕著になり、教会は新しい教義体系の整備を迫られていた。このとき下敷きにされたのがアリストテレス哲学である。教義体系再編の仕事は12世紀から教会や修道院付属の学校（スコラ：schola）で行われたので、その考え方はスコラ哲学と呼ばれている。スコラ哲学の大成者がトマス・アクィナス（1225/26-1274年）で、アリストテレス＝トマス主義による新たな教義が組織される。この新しい教義では神の国と地の国、教会と国家とが非連続ではなく連続的なものとして位置づけられた。そのため神聖な領域にあるべき教会や聖職者による世俗領域（政治）への介入は追認され、教会や聖職者の腐敗堕落は改善されることはなかった（木田、121-127）。

　そこで14世紀あたりから信仰の浄化を図ろうとするプラトン＝アウグスティヌス主義復興の動きが起こってくる。17世紀に近代哲学の起点となったデカルト（1596-1650年）やパスカル（1623-1662年）などもこのプラトン＝アウグスティヌス主義復興の運動と接触しながらものごとを考え始めたと考

えられている。デカルトによる二元論や、その一環としての新たな自然観にはこの復興運動が影響を及ぼしたと考えられる（木田、127-129）。古代末期（5世紀頃）以来、ヨーロッパにおいては学問分野でも信仰分野でも、教会と神学が支配的力を維持し続けたようだ。そのため人間は神によって創造された神の僕であるとする人間観が支配的であった。

2.4　第四層：理性主義の誕生と変遷

　ここで言う理性主義とは、われわれ人間には生得的な観念・機能として理性が備わっているという考えである。原語は、英語で言うなら rationalism で、これが「合理主義」と訳されることもある。この主張によれば、自然の内に何が存在し、何が存在しないかを決めるのは人間理性である。これは人間理性が、存在する一切のものの存在を支える「基体・実体」にされたことを意味する。言い換えれば、自己の存在の確実性を確信した人間理性が明確に認識できるものだけが「真に存在する」と認められるようになったのである（木田、159-161）。プラトン以来の超自然的原理に人間理性が新たに加えられたのである。

　このような主張を行った初期の代表的人物がデカルトである。彼はキリスト教の影響力がなお強かった状況下で、自分自身の理性・思惟による世界認識の信頼性を打ち出した。ただ彼の言う「理性」はまだ圧倒的に神的理性に依存したものであった。そのため人間理性が本当に「基体・実体」の役割を果たすためには神的理性の退場が必要である。これが実現されるためにはカントの登場まで約一世紀半待たねばならなかった（木田、160）。しかし不十分とはいえ、デカルトの主張は人間が神の僕の地位からの脱出を試みたものとして画期的であったと言うことができよう。

3. 理性主義の変遷と発展（神的理性からの脱却／人間理性の自律性向上）

3.1 啓蒙主義運動

　18世紀になると超自然的な原理に立脚するキリスト教に距離を置く動きは明確になる。神的理性の後見を脱した批判的理性、言い換えると自律した人間理性でもって自然や社会を認識しようとする運動、すなわち啓蒙運動がそれである。ドイツでこれを代表するのはカントだとされているが、彼は「啓蒙」の概念を次のように定義している。「啓蒙とは人間がみずから招いた未成年状態を抜け出すことである。未成年とは他人の指導がなければ自分の理性を使うことができない状態である」。つまり、神的理性の後見を排して自律した人間理性が、これまで自分を支えてくれると思っていた宗教や、さらには形而上学までも迷蒙と断じて、その蒙（くらがり・無知）を啓き、それを批判する理性になることである。ベーコン等イギリスの知識人の下で始まった啓蒙の運動は、フランスではヴォルテール（1694-1778年）やディドロ（1713-1784年）のような無神論的、唯物論的思想家のもとで、より明確な「批判する理性」となっていく（木田、169-170）。

　ただ、神的理性への依存から脱することには矛盾もあった。これまでは神的理性によって保証されていると信じているからこそ人間理性はその観念・機能を頼りに世界の存在構造についての確実な認識を手に入れることができると信じることができた。しかし神的理性の媒介が無くなれば世界の存在構造を正確に認識できる保証が無くなる。そのため17世紀の理性主義的哲学は次第に独断論の色合いを濃くしていった（木田、170）。

3.2 イギリス経験主義

　このような状況を踏まえて、イギリスの啓蒙思想から新たな動きが生まれる。従来の認識基盤となっていた「生得観念」や「理性的認識」の効力を否定し、われわれの認識は全て感覚的経験にもとづく経験的認識だとする主張である。理性的認識から経験的認識への転換である（木田、171）。このよう

な主張をしたのがロック（1632-1704年）やヒューム（1711-1776年）である。しかし経験的観念は経験をした人しかもっていない。そのため経験的認識のもつ真理性は蓋然的で相対的なものに留まることになる。彼らは数学や物理学の認識までも蓋然的なものに留まるとしてその確実性を否定したが、後にカントはこれに疑問を抱く（木田、171）。

3.3　カントの試み

3.3.1　理性主義と経験主義双方の融合

　理性主義と経験主義双方の上記のような有効性と限界に対する反省を踏まえてこれを乗り越えようとしたのがカントである。彼は神的理性の媒介が無くても、ある範囲内ではわれわれ人間の理性的認識も世界の合理的存在構造を捉えることができると主張した。われわれの純粋な理性、すなわち経験にいっさい頼らない理性による認識が有効に働く場面（幾何学、数論、理論物理学）と、その働きが全く無効になる場面（神学や形而上学）とを批判的に区別しようとしたのが彼の主著「純粋理性批判」（1781年）である（木田、171, 185）。

　理性主義に対しては、われわれ人間の理性が有限であること、したがってわれわれの認識する世界はこの有限の理性に合わせて作られたものだと考えた。他方、経験主義に対しては数学や理論物理学の認識の普遍性や客観的妥当性まで否定するのは行き過ぎで正しくないとした（木田、178-179）。

3.3.2　超自然的原理とされる人間理性

　カントは人間理性の有効範囲を示すために認識対象を二つに区分している。「物自体の世界」と「現象の世界＝自然界」である。前者はわれわれとは無関係にそれ自体で存在している世界である。したがってそこにはわれわれの認識能力は及ばない。これは要するに、神のみが認識できる世界と言うことができよう。他方後者は人間の有限な理性を通してわれわれに現れ現象している世界である（木田、178-179）。要するに、現象界・自然界はそもそも有限な人間理性のキャパシティで捉えられたものに過ぎないから人間理性

でも認識できるということであろう。

　現象界・自然界は人間理性で認識しうるということから、彼はこれを逆に見て「人間理性は自然界の形式構造の創造者」だと言う。すなわち人間理性はもはや神の後見がなくても自然界に何が存在しえて、何が存在しえないかを決定できるとしている。この表現からは人間理性が新たな超自然的原理に仕立て上げられていることが窺われる。実際こうした役割を果たす人間理性を彼は「超越論的主観性（transzendentale Subjektivität）」と呼んでいる。これは存在者の一般的な形式構造よりももっと高次な形式的構造を形成する主観としての機能を意味する（木田、180-181）。

3.3.3　カント哲学の到達点と未達領域

1）到達点

① 　カントは経験を伴わない純粋理性に対して厳しい自己批判を行い、その有限性を認めている。他方、経験主義に対しても、その蓋然性に関する行き過ぎを戒め両者の融合を試みている。このことは本研究の分析視角から判断すると、人的理性の自律性をデカルトよりも高く評価していることを意味するものと言えよう。

② 　人間理性から神的理性の後見を一段と退け、限定付きとは言え人間理性を「自然界の形式構造の創造者」にまで押し上げている。そしてこれを「超越論的主観性」と呼んでいる。すなわち人間理性を形而上学的原理の域にまで引き上げているのだ（木田、180-181）。ここには人間理性の認識能力と自律性に対する自信が、カントにあっては相当に高まっていることが窺われる。そしてカントの並々ならぬ意気込みが感じられる。

　　ただ、筆者の見解だが、ここには少なからぬ論理の飛躍・無理があるのではなかろうか。有限の人間理性で捉えた現象は、人間のキャパシティで認識可能なものだけ選抜した現象・自然である。その意味ではこれを人間理性による「創造」と言えなくはない。しかし現象は「人間理性に特有の形式に合わせて加工されている」（木田、178-179）とまで言い、しかもこれを「超越論的」と言い切るのは詭弁ではなかろうか。一方で人間理性か

ら神の後見を退けようとしながら、他方では人間理性をむりやり神の域に押し上げているとは言えないだろうか。

２）未達領域

カントは人間理性の有限性を認め、認識対象を二つに区分している。人間理性による認識が可能な現象界＝自然界と、われわれとは無関係に存在していてわれわれの認識が及ばない物自体の世界である。また理論理性と実践理性という区分も残されていた。これはカントが実体論的・二元論的発想からは抜け出ていなかったということでもあり、人間理性の自律性向上がまだ不十分であったことをも意味しているのではなかろうか。

3.4　ヘーゲルの試み

3.4.1　カント哲学の継承とドイツ観念論哲学の使命

カント哲学を継承・展開したのはフィヒテ（1796-1879）、シェリング（1775-1854）、ヘーゲル（1770-1831）らで、彼らの哲学は通常「ドイツ観念論の哲学」と呼ばれる。これはソクラテス、プラトン、アリストテレスによって展開されたギリシャ古典時代の哲学に匹敵する、哲学のもう一つの黄金時代とみられている。

カント哲学の下で、人間理性は超自然的原理の自覚をもつに至った。しかしまだそこには有限性が立ちはだかっていた。カントの後継者たちにはその限界を打破し、人間理性をより自律性の高いものとする課題が与えられた。一切の真理を自己意識から構成するというドイツ観念論の目標である[2]。これこそがドイツ観念論哲学が目指した使命だと言われている（木田、188-189）。

3.4.2　カントの未達領域の克服策

第一に、ヘーゲルはカントが言う人間理性の有限性の基本原因を、主観の側から発動される悟性の枠組み、つまりわれわれの思考形式の不十分さにあると考えた。思考形式は人間精神の働きであるから、これを柔軟に弾力的にすれば悟性の枠組みが拡大され、人間理性の及ぶ範囲も拡大すると考えたの

であろう。より具体的には、思考の枠組みは単なる認識のための思考形式に留まらず、主観の活動一般、つまり宗教的・倫理的・政治的・社会的・芸術的活動などの活動全般の形式にまで拡大されたのである（木田、192-194）。

　第二に、ヘーゲル哲学においては世界認識にも変化が見られる。世界はもはや単なる自然界ではなく、歴史的な世界として捉えられている。しかも世界史は人間にとっての自由拡大の道程として捉えられている。これは世界が人間による意識的営み、形成のプロセスとして捉えられていることを意味する。そこでは従来の同一・普遍的理性（ratio、Vernunft）が歴史的・個性的な精神（Geist）と言い換えられている。このような変化に応じて主観も、もはや個人的認識主観としてではなく、歴史的世界を形成していく民族精神として、さらには世界史を形成する人類の精神として捉えられるようになっている（木田、194-195）。

3.4.3　超自然的思考様式の完成と問題
1) 完成

　ヘーゲルは精神が世界に働きかけ、それを自分の分身に変えていき自由を獲得・拡大する能力をもつと考えている。そしてその能力はついには精神に立ち向かってくる異質な力がなくなる状況にまで達すると言う。これが絶対の自由を獲得した絶対精神である（木田、197）。

　人間理性はカント哲学によって自然の科学的認識と技術的支配の可能性を約束された。しかしカントにおいてはそれはまだ一定限度内の現象界に限定されていた。しかしヘーゲル哲学によって世界全体の合理的形成の可能性を保証され、自然的および社会的世界に対する超越論的主観としての地位を手に入れたのである。言い換えれば、ヘーゲルはロゴス、理念、宇宙理念などと呼ばれる絶対精神を仮定し、世界はこの絶対精神が弁証法的図式に従って発展する姿に他ならないと考えたのである[3]。

　ヘーゲルは晩年に、「法哲学講義」の序文で「理性的なものは現実的であり、現実的なものは理性的である」というテーゼを掲げた。これは、理性の認識しうるものだけが現実に存在する権利をもち、したがって、現実に存在

する全てのものは理性的に認識可能であり合理的に改造されうるという意味
である。近代ヨーロッパの文化形成を導いてきた理性主義はついに人間理性
を超自然的原理の座に据えることによって、プラトン以来の超自然的思考様
式を完成させたと言えるであろう（木田、199-200）。

<u>2）問題</u>

　ヘーゲルによって超自然的原理にまで祭り上げられた人間理性の全能性が
謳歌されていた頃、その背後ではそうした理性を原理にして形成され、巨大
な技術文明に変身しようとしていた近代ヨーロッパ文化への反省が始まって
いた（木田、201）。なぜなら、そこにはデカルトによって提唱された二元論
による自然観、すなわち自然を死せる物質、人間の支配対象とみなす自然観
が継承されていたからだ。

　この批判の中に、単なるヘーゲル哲学批判だけに終わらず、同時に近代
理性主義の総体に対する批判にもなるような本格的なものがいくつかある。
「意欲こそが根源的存在である」と主張した後期のシェリングや、自分の立
場を「貫徹された自然主義すなわち人間主義」と呼んだ若きマルクスの思想
がそうであった。そして彼らが理性主義批判の根拠に据えたのが、共に「生
きた根源的自然」の概念だった。そうした生きた根源的自然の概念を拠り所
に、近代批判を、いやそれどころか西洋という文化形成総体の批判をもっと
壮大に企てたのがニーチェである（木田、202）。

4．ニーチェ思想の性格と彼の企て

4．1　19世紀末ヨーロッパ社会の諸相とニーチェの危機感

　19世紀も半ばになるとニュートン力学を中軸とする科学的な自然観や世界
観が広がりを見せつつあった。1851年にはロンドンで第一回万国博覧会が開
かれ、産業革命の粋を集めた技術の成果が展示された。そして社会には自然
科学的世界観の普及が見られた。しかし人々はこれらの成果に驚きを見せる
一方で、科学と技術が全てを決定するらしい未来の姿を見て危機感も抱き始
めていた。ちなみに、ニュートン物理学が前提にしていたのは絶対時間と絶

対空間である。具体的には、空間は全て等質的な点の集合であり、また宇宙はすべて統一的な等質的時間に支配されているという前提である。ニーチェもこのような科学的な世界観に対して危機感を抱いたようだ。そしてここから本格的な思想形成を始めていった（木田、208-210）。

　折しも19世紀半ばにはダーウィンの進化論が公表され、ニーチェもダーウィニズムから決定的な刺戟を受けた。その理論によれば、生命は環境へ適応するために進化する。それならば環境へ適応するための生物学的機能に過ぎない人間の認識も相対的であり、絶対的な真理も、それを捉える絶対的な知識や認識もあり得ないことになる。かくしてニーチェは相対的で動的なものの考え方を身につけるのである（木田、206-208）。

　そもそもギリシャやローマの古典を原典で読んで研究する古典文献学を修めていたニーチェは古代ギリシャ以来の西洋哲学の伝統を十分熟知していた。彼が超自然的原理を媒介にして自然を見る思考様式に疑問を抱いたのは不思議ではない。ニーチェは以後これを批判して乗り越えようとするのである（木田、204）。

4.2　ニーチェの企て

4.2.1　ニヒリズム発生の原因究明

　科学技術の成果が社会に普及していた19世紀の後半に、ヨーロッパの多くの人々は虚無的な思いを抱くようになっていた。ニヒリズムである。これはなぜ発生したのであろうか。ニーチェはプラトンの言うイデアのような超自然的な最高の諸価値が人間の感性的世界に価値や意味を与える力を失ったからだと考えた。実は、それまで最高の諸価値と見なされてきたものはどこかに実在しているのではなく人間の手で設定されたものでしかないのに、それが誤って事物の上に投影され、「超感性的」原理と思い込まれるようになっていた。そのため人々は、ありもしない超感性的価値をあると信じ、それを目指して営々と文化形成の努力を続けてきた。しかしついに、いくら努力してもこうした目標には到達できないという徒労に気づき、このような努力が逆に自分たちの感性的な「生」を抑圧していることを理解したのだ（木田、

224-225）。感性的な世界の諸事物に価値と意味を与えると信じられてきた「超自然的（形而上学的）」諸価値がその力を失ったことをニーチェは「神は死せり」と表現した。この場合、神とは超感性的な最高価値の象徴であるキリスト教の神を指す（木田、223）。

　木田元によると、哲学にはニーチェの登場までとそれ以後には明らかな違いがある。登場するまでの思想が「哲学」であるのに対し、登場以降の思想は「反哲学」と表現するのが正しいと言う（木田、204-205）。したがって「神は死せり」という表現は神に対する人間の自律性の確立を明確に宣言したものと言えよう。

4.2.2　ニヒリズム克服の方策

　ニーチェ最大の関心事は19世紀後半のニヒリズム、不毛な精神状況の克服であった。ニヒリズムを克服するためにはその原因を排除し新たな価値を設定しなければならない。具体的には、それまでの哲学（プラトニズム）を批判して、ニヒリズムの元凶である従来の最高価値を積極的に否定しなければならない。そして長い間哲学の論理によって「死せる物質」と見なされてきた自然観を転換し、古代ギリシャ早期の「生きた自然」概念の復権を実現する必要があるとニーチェは考えたようだ（木田、226-229）。

4.3　「生きた自然」概念の復権：反哲学

4.3.1　初期の「自然」概念と復権の試み

　ニーチェ（1844-1900）が活躍した頃のヨーロッパでは、古代ギリシャの文化はひたすら晴朗なもので、アポロンに代表されるオリュンポスの神々や、青い空を背景にくっきりと白く浮かび上がる神殿や彫刻に象徴されるような明るく晴れやかなものと考えられていた。ところがニーチェは、そうした明るいアポロン的な精神の根底に実は暗く厭世的なディオニュソス的な情念が潜んでいるのだと主張した。そしてこれら二つの要因が均衡を保って結合したときギリシャ文化は最高の完成を見たと考えていた。こうした古代ギリシャ文化観を共有する者は古代ギリシャ史家や法制史家の中にもいた。し

かし当時のヨーロッパ史学界や古典文献学界ではこのような見解は非常識とされていたようだ（木田、214-216）。

4.3.2　ニーチェの思想的環境：ドイツ形而上学の伝統

　ニーチェは古代ギリシャ文化や古代ギリシャ悲劇の誕生を研究する際に上記の二つの原理を立てている。この二元論的発想は直接的にはショーペンハウアー（1788-1860）の「意志と表象としての世界」（1819年）の発想から得たようだ。ショーペンハウアーはその主張をカント哲学の解釈から得ており、さらにカント（1724-1804）の説はライプニッツ（1646-1716）の説から受け継がれたものであり、表１-１の通りである。この表から分かるとおり、ニーチェの見解も、その骨格はドイツ形而上学の伝統を継承したものと考えられる。

表１-１　ドイツ形而上学の系譜（木田、212-213）

	より根源的なもの	感覚的現象
ライプニッツ	意欲	表象
カント	物自体界の意志	現象界を形成する表象
ショーペンハウアー	意志としての世界	表象としての世界
ニーチェ	ディオニュソス的なもの	アポロン的なもの
ヘーゲル	人間の絶対精神	絶対精神が作るもの

　この伝統的ドイツ思想においては意志（Wille）や意欲（Wollen）はワイルドな生命衝動と言うべき内容を意味する言葉であるようだ。これらは弱肉強食という状況下で、ただ生きようとする生命衝動を意味するもので、どこに行くのか全くわからない無方向な生命衝動のようなものが考えられている。ドイツではこのような「生命衝動」の方が表象や認識のような「知的能力」よりも根源的だと考えられる伝統があったようだ（木田、214）。

4.3.3　ダーウィニズムの刺激を受けた「自然」概念の再考

　ニーチェは最初はソクラテス以前の古代ギリシャの自然観、すなわち「お

のずから生成するもの」を「ディオニュソス的なもの」と重ねていた。しかしこれら両者は、実際にはなかなか上手くはつながらない。そのためこれらの調停が課題となっていた（木田、217-218）。

　折しも1880年代に、ダーウィニズムの刺激を受けたニーチェは「生」の概念の再考を始める。全ての存在を相対的かつ動的な論理で考えるようになり、「生」の概念もこの論理で再考し始めたのだ。新たに設定された「生」の概念はもはや無方向な生命衝動ではなく、アポロン的なもの（＝知性）をも含み込み、「より強く、より大きくなろうとする方向性」を明確に帯びているディオニュソス的なものとされている。ニーチェはこれを「力への意志」と呼び、これをその後の思想の中心に据えることになる（木田、217-219）。

4.3.4　「力への意志」という自然概念の意図

　この新しい自然概念を思想の中心に据えた目的は、端的に言えばプラトニズムを根底から批判すること、言い換えれば反哲学の実現である（木田、221）。なぜならニーチェが克服を企図したニヒリズムの根本原因がプラトニズムをベースとする「哲学」、すなわち超自然的（＝形而上学的）思想にあると考えたからである。プラトニズムは、実際には絶えず生成し変化している自然の実態を否定し、これをあたかも静止した不変のものであるかのごとく捏造したと断じたのである。その意味では、哲学で言われる「真理」とは、転変し生成しつつある事態の一つの局面を、「静止して存在すること」として持続しようとする思い込みに過ぎない（木田、236-237）。そこでニーチェは生き生きとした躍動的な「生」を回復すべきだと考えてその作成に取りかかる。そのために、まず最高価値を設定してきた価値定立の仕方、すなわち超自然学（形而上学）を本領とする哲学、キリスト教に代表される宗教、生を抑圧して禁欲を標榜するストア派以来の道徳などに対する批判を行ってプラトニズムの逆転を図ったのである。そして新しい価値定立の原理を提示したのである（木田、226-227）。

4.4 新たな価値定立の原理

4.4.1 必要条件

　超自然的原理がことごとく否定された後は、新たな価値は生きた自然とも言うべき感性的世界の「生」、すなわち「力への意志」に求められる。それは「生成の内部での生の相対的持続という複雑な機構に関わる確保と高揚の条件となる目安」と定義される（木田、234）。分かりやすく言えば、現在よりも大きく強くなろうと生成して、まずこれを維持し、ついでこれをより高い段階に高めることに価値を見いだすということであろう。要するに、実際には生成し転変し続けている自然をそのままに、動的・発展的に捉えることであろう（木田、228-229）。

4.4.2 新たな価値の維持と高揚

1）価値の維持

　価値定立の第一は、到達したものを確保し維持する段階であり、第二は生をいっそう高い可能性へ向けて高揚させる段階である。前者の働きが「認識」とされている。それは、実際には絶えず生成し変化している世界にあって、ある時点であたかもそれが静止しているかのように切り取ってみせる働きである。そして、そこで示される価値が「真理」と呼ばれている。他方後者は、「芸術」だとニーチェは言う（木田、239）。

2）価値の高揚作用：芸術

　「生」は現状維持で止まっていてはその意義が制限されるので、あくまでも高揚を目指すことが重要である。われわれは真理を得たことで満足し、現状に止まっていてはだめになる。そうならないためには「芸術」が不可欠である。「芸術」という価値定立作用と、それによって定立される「美」という価値こそが「生」を刺戟し高揚させることができる。「芸術」は生をいっそう高い可能性へ高揚させるがゆえに、現状確保の機能である「認識」よりもいっそう重要である（木田、238-239）。

3）肉体の復権：精神に対する肉体の優位

　ニーチェによれば、芸術は肉体の所業である。彼はプラトンやデカルトが

肉体から浄化された「精神」を手引きにして存在を説明した超自然的（＝形而上学的）な世界解釈を否定し、肉体を手引きとする新たな世界解釈を提唱しようとした。「力への意志」の哲学も、芸術によってもたらされる「美」による救済、すなわち芸術によるニヒリズム克服の企てだったと考えられる（木田、240-241）。

4.5　人間の自律性向上から見たニーチェ思想の意義

4.5.1　「反哲学」とその影響

　ニーチェ思想の意義を端的に言えば、プラトニズムの否定、反哲学の提唱だと言えよう。超自然的価値によって世界の諸事物に意味や価値を与え、ヨーロッパの文化形成を導いてきた哲学を批判し、これの退場を迫ると共にキリスト教に代表される宗教やストア派以来の道徳をも批判することによって、実に長い間人間の感性的世界の生を抑圧していた体制の転換を企図したのである。

　言い換えれば第一に、長い間「死せる物質」とされてきた自然に息を吹き込み、「生きておのずから生成する」自然概念を復権させたことであろう。第二には、人間の感性的世界の「生」を大きく評価し、ヨーロッパの人々をニヒリズムから救出しようとしたことであろう。そのための手段として、芸術（art）の効力を評価したことの意義も大きい。artは当時批判の対象となっていた科学（science）の対極概念であり、人間の自律的で創造的な感性的営為を積極的に推奨するものだからである。ちなみに、artに属する経営学上の用語としては熟練、技芸、暗黙知などが挙げられよう。

　ニーチェが哲学界に与えた影響も小さくはない。ハイデガーをはじめとする20世紀前半の思想家達は、多少なりともニーチェの「哲学批判」つまり「反哲学」の影響下にものを考え始めたのであり、いわば西洋哲学の、さらにはそれを軸とする西洋の文化形成の脱中心化にとりかかっている。ちなみに、ハイデガーは自分の思想的営為を「哲学」とは呼ばず、「存在の回想」つまり、原初の存在の回想と呼んでいた。また20世紀後半には、反哲学の動きに刺激されてポストコロニアリズムのような「西洋」の脱中心化・解体の

具体的作業への着手も見られる（木田、247）。

4.5.2 「反哲学」の限界

　ハイデガーの解説によると、ニーチェは結局のところ形而上学（超自然的思考）の継承者ではあっても、その克服者ではなかった。その理由は、彼が「存在」（ある）を「本質存在」（である）と「事実存在」（がある）に分けて考えているからである。確かにニーチェは自然を「生成するもの」と考えるソクラテス以前の思想家達に深い理解はもっていた。しかし、究極の存在概念の規定に際しては、西洋哲学が伝統的に真の始原だと見慣らわしてきた始原、つまりプラトンとアリストテレスの言う「存在＝現前性」という存在概念にまでしか遡ることができなかった（木田、245-246）。

5．ハイデガー思想の性格と彼の企て

5.1　思想形成と研究分野の変遷

　木田元によれば、ハイデガーはやはり20世紀最大の哲学者である。彼の思想形成の経過を見てみよう。彼は1889年にドイツ南部の小さな町のカトリック教会の堂守の子供として生まれた。そのため大学では神学部に入り、カトリック神学を学ぶことが思想形成のスタートになったようだ。ただ、高校生の時にブレンターノの書いたアリストテレスに関する著作を読んで「存在への問い」に興味は持っていた。そのためか大学入学後まもなく哲学部に転部し、多くの哲学作品を読み進めた。特にニーチェの「力への意志」（1910年）からは強い影響を受けていたようだ。したがって、哲学研究に関しては初期の段階ですでにアリストテレスとニーチェの影響を受けていたと言えよう。1916年、26歳の時に、現象学の提唱者であるフッサールと出会って現象学を学ぶが、この分野への関心は長くは続かなかったようだ（木田、254-256）。

　その後、1917年頃、大学の人事問題も影響したらしく、プロテスタント神学へ鞍替えしている。しかしいずれにしても、この時代のハイデガーの関心は神学に集中していたようだ。1923年には、アリストテレスの思想に関する

研究報告書、いわゆる「ナトルプ報告」を書いている。この報告書の主旨は、アリストテレスにおいては「存在する」ということは「制作されてある」ということを意味するというものである。その後再び大学人事の話が持ち上がった際に、彼は今度は「神学から形而上学へ」という旗印を掲げている。そしてこの旗印の下に書かれたのが主著の「存在と時間」（1927年）である（木田、259-266）。この時期、ハイデガーは〈存在への問い〉に強い関心を抱いていたようで、1928年〜1929年の間に形而上学の解明を意図した著作を立て続けに3作出版している。「形而上学とは何か」、「カントと形而上学の問題」、「根拠の本質について」である[4]。ただ前に刊行された「存在と時間」は全体構想（次項で示す）の一部に過ぎず、中核部分は未完であった。これを補う位置にあるのが1935年の講義録「形而上学入門」である[5]。

　1935年頃はハイデガー思想を前期と後期に分ける境界線に当たる時期になっているようだ。これ以降、形而上学に対する批判的姿勢が明確になっている。形而上学は「存在者」に即して「存在」を問うに過ぎないというのがその理由である[6]。1945年にサルトルは実存主義の旗揚げをした際に、ハイデガーを実存主義の先駆者の一人として挙げている。これに対する応えのような形で書かれたのが「ヒューマニズムについて」（1947年）である。この中でハイデガーは、自分の思想は実存主義でもないし、ヒューマニズムでもない。むしろ人間中心主義であるヒューマニズムを批判し、そのヒューマニズムの根幹をなす超自然的（形而上学的）思考の克服をはかる反ヒューマニズムだと言っている（木田、288-289）。形而上学からの脱出という課題と格闘していたものと考えられる[7]。

　念のために付言するが、ヒューマニズムに関するこの主張は、専門家を除いて日本社会では理解されにくい可能性があると考えるので、「5.3」で再度取り上げる。

5.2　「存在と時間」に込められた意図

5.2.1　「存在と時間」の構想と目的

　ハイデガーはこの主著において、「存在一般の意味の究明」、「存在の根本

問題」に取り組もうとしている。具体的に言えば、その目的は上記のナトルプ報告の結論を膨らまし、アリストテレス以来、西洋の伝統的存在論においては「ある」ということを何かによって「作られてある」と見る同一の存在概念が一貫して受け継がれていることを明らかにし、これを批判的に乗り越えることであった。彼の意図を明確にするために、予定されていた「存在と時間」全体の構成を見てみよう。下記のようになっている（木田、266-268）。

第一部：現存在を時間性へ向けて解釈し、時間を存在への問いの超越論的場として究明する
　第一篇：現存在の準備的な基礎分析
　第二篇：現存在と時間性
　第三篇：存在と時間
第二部：テンポラリテートの問題群を手引きとして存在論の歴史を現象学的に解体することの概要を示す
　第一篇：カント
　第二篇：デカルトから中世存在論へ
　第三篇：アリストテレスと古代存在論

　1927年に公刊されたのはこれらの内の第一部第一篇と第二篇のみである。全体の中核部分はもちろん第一部第三篇「存在と時間」であろう。その意味では公刊部分は中核部分のための準備的考察になると言うことができよう。第二部は文字通り存在論の歴史的考察である。この構想からは次のような目的が推察できる。一つにはアリストテレス以来、西洋の伝統的存在論においては、〈ある〉ということを〈作られてある〉とみる存在観が一貫して受け継がれていることの確認であろう。ソクラテス、プラトン、アリストテレスの下で始まった「哲学」は、確かにその後約２千年の間に多様に変化はした。しかしアリストテレスからニーチェに至るまで、その変化を超えて、またその変化を貫いて、中核的な部分では同じものであり続けてきたとハイデ

ガーは考えていたようだ（木田、282）。いま一つは、このような伝統的な存在観を、ソクラテス以前の思想家たちの存在観、すなわち〈ある〉ということを〈生成〉とみなす存在観と比較し、これを批判して破壊的に再構成することである（木田、266-267）。

　この構想を、若干表現を変えて整理すると下記の三つの部分に書き換えることができる。

① 　時間を判断基準とする「現存在」（＝人間）の分析：（第一部第一、二篇）

② 　存在一般の意味の解明：（第一部第三篇）

③ 　存在論の歴史的考察（古代から近代へ）：（第二部第一、二、三篇）

　①では、人間と時間との関わり方の違いが存在観に影響を及ぼすことが分析されている。②は中核部分であり、ここでは現存在を含む存在一般の意味を、人間存在の構造分析を通じて、時間の視角から決定することが予定されていた[8]。③ではアリストテレス以来の存在論の歴史分析が予定されていた（木田、268-270）。

5.2.2　存在観再構成の方法

　ハイデガーはどのような手順でヨーロッパの伝統的存在観の再構成を図ったのであろうか。端的に言えば、第一は伝統的な存在観を形成してきた超自然的（＝形而上学的）方法、すなわち哲学の批判である。哲学は存在をひたすら〈それは何であるか〉と問う。このように問うとき、問う者は問いかけられる存在者全体から分離され、外の特権的位置に身を据えている。言い換えると、人間中心的な見方をしていて、人間と存在との始原の調和は破られている。その時、人間は全存在の一部としてそこに包み込まれてはおらず、それと調和して生きるものでもなくなっている（木田、286）。人間が自らを超自然的価値に祭りあげているのだ。

　第二は、存在そのものの意味を問う際に、ハイデガーは「時間」が密接に関係していると考えたようだ[9]。存在するということを「作られてある」と解するか「成り出でてある」と解するかの違いは、現存在（＝人間）が未来や過去とどう関わり合うか、たとえば流れに任せるように生きるか、それと

も積極的に立ち向かって行くような生きかたをするかということと密接に連関していると考えた（木田、269-270）。だから主著「存在と時間」の第一部第一篇と第二篇は中核部分（第三篇）の準備部分とされるのであろう。

第三点として、ハイデガーの考える人間の「存在の真理」を確認しておこう。彼によれば、人間の本質は存在によって語りかけられ、要求され、「存在へと身を開き、そこへ出で立つあり方」にある[10]。言い換えれば人間と存在との始原の調和状態である。そしてそこでは人間は存在の主人ではなく牧人となるべきであると言う[11]。なぜなら牧人は人間と存在との調和を守るが、主人は存在から離れ、それを支配するものとなるからである[12]。

5.2.3　ハイデガーの深遠な目的

上記のとおり、ハイデガーの表面上の意図は、まず形而上学的方法による伝統的存在論の存在概念が存在を「制作されてあるもの」とみる存在了解に基づくものであることを確認し、さらにそれを古代ギリシャ早期の「存在＝生成」と見る存在概念と対比して相対化し、批判的に乗り越えることであったと考えられる。

しかしハイデガーの目的はここに留まらず、より深遠なものではなかったかと考えられる。そこにはニーチェの思想と企てを承継して生かそうとする意図が見て取れるからである。具体的に言えば、ハイデガーの目的はヨーロッパの文化革命まで意図した壮大なものだったのではなかろうか（木田、273-275）。彼は1955年にフランスの小さな町で、「それは何であるか―哲学とは？」というテーマで講演を行い、次のように言っている。哲学という言葉はギリシャにしか生まれなかった。だから哲学こそがギリシャ精神のあり方を規定するものである。この哲学の特殊な知のあり方は西洋＝ヨーロッパに承け継がれ、西洋＝ヨーロッパの歴史の最も内奥の根本動向をも規定するものとなった。その結果、西洋＝ヨーロッパだけがその歴史の最も内奥の歩みにおいて根源的に哲学的なのだ。

ハイデガーはさらに一歩踏み込んで次のようにも言う。西洋＝ヨーロッパの歴史の「哲学的」歩みは諸科学を生み出した。近代ヨーロッパにおける科

学知や科学技術の成立も「哲学」と呼ばれる特殊な知を形成原理にしてきた西洋＝ヨーロッパ文化の必然的帰結である。しかし存在を「作られてあるもの」とみる哲学の思想では、存在するもの・自然は制作のための無機的な材料、死せる物質とみなされる。こうした自然観の上に築かれた「西洋」の文化形成・近代科学技術文明の先行きにハイデガーは絶望した。そのため、このような存在概念を転換することによって西洋における文化形成の方向を大きく転換しようと企てたのであろう（木田、274-280）。この思想はニーチェと同様に「反哲学」という論理を基礎にするものと見ることができる。

5.3　反哲学と反ヒューマニズム

5.3.1　ヒューマニズムの真の意味と哲学の方法

　ハイデガーの思想を理解するためには彼が言う「反ヒューマニズム」の意味を正しく理解しておくことが不可欠である。日本で日常、ヒューマニズムという語が用いられる時、それは「人間的なことを尊重する思想」（広辞苑）、あるいはもっと素朴に言えば、人間を大切にする思想としてプラスのニュアンスを込めて理解される場合が多いようだ。しかしハイデガーの言う「人間的なこと」の意味はこれとは多分に異なっている。

　ハイデガーは人間性を「存在への近さ」にもとづいて思索している。彼が何度も繰り返し用いている表現で言えば、「存在へと身を開き、そこへ出で立つあり方」である。さらに言い換えれば、存在に身をゆだね、存在そのものに規定されつつ、その内に故郷をもつに至る次元のことである。ここで言う「故郷をもつ」とは存在と同列の位置で、存在に近い状態にあることである[13]。このようなあり方が実現されたとき、そこには存在との始原的調和が実現される。ハイデガーはこのような状態をあるべき人間性と考え、したがってこれを求め大切にすることをヒューマニズムと言っている[14]。

　ところがハイデガーによれば、近代人は存在から離れ、見捨てられ、故郷を喪失していると言う[15]。そして人間をこのような状況に至らしめたのが形而上学的思考方法すなわち哲学だと考えている。哲学では全存在を対象として「それは何か」が問われる。全存在の本質を問うのであるが、問うために

は、問う者（人間）は存在から離れて対象を見る。そこでは人間は全存在に対して優越的な位置、特権的位置に居る。あまつさえ人間は全存在を制作のための死せる対象や材料とみなしている。そのためここにはすでに「存在との始原の調和」はない。これは言わば人間利己主義であって、本来あるべき人間性を重視したものではない。したがって哲学の視座で言うヒューマニズムは真に人間性を大切にする思想ではなく、存在との調和を破壊する尊大な思想となっているとハイデガーは考えている。これが哲学的方法に異を唱え、反ヒューマニズムを主張する理由である。

5.3.2　ヨーロッパにおけるヒューマニズムの伝統的概念

　ヨーロッパでヒューマニズムと言われる場合、当然「人間性」が問題とされてきたのであるが、その意味をハイデガーの挙げる事例に沿って歴史的に見てみると概ね次のようになっている。まずキリスト教においては、人間は救済史的に「神の子」であり、他の被造物より上位に位置づけられている。創造されたときから特権的な地位に置かれているのだ。またこの俗世は神の国に至るためのかりそめの通路に過ぎないため、そこでの人間性は必然的に神性を帯びたものである。

　次にローマにおいては、「人間らしい人間」とは後期ギリシャの教養を身につけて有徳性を高めた高貴な人間を意味する。具体的にはローマ人を指す。この語の裏にはローマ人以外を「野蛮な人間」として対置・蔑視する人間観がある。いや当時、被征服者は人間扱いされなかったのではないかと考えられている。

　第三に、14〜15世紀イタリアにおけるルネッサンス期には、人間性はローマ人的特性の再生、言い換えるとギリシャ精神の再活性化を意味していた。歴史的にこのような変遷はあるものの、どのヒューマニズムもみな形而上学（＝哲学）に基づいている[16]。

　さらに歴史を下ってマルクスにおいては、古代への帰還は問題にされないが、歴史的なものの本質が存在のうちに認識されている。彼の言う「人間の疎外」とは近代的人間の故郷喪失である。全ての労働者が労働の素材として

現れてくるという指摘である[17]。

　これらの歴史的事実を踏まえていたであろうハイデガーの「反ヒューマニズム」思想は「反哲学」思想と対をなすものである。したがって「反ヒューマニズム」も人間的なものの擁護に反対したのではなく、逆に、ヨーロッパに伝統的な形而上学的ヒューマニズムへの反省を踏まえて新たな展望を開こうとしたものと言えよう[18]。

6．人間の自律性の高まりとそれに対する反省

　最後に、本研究で確認したことの要点をまとめておこう。

　ヨーロッパ思想は近・現代のものでもその源流は古代ギリシャに端を発している。中でも特にプラトンの主張を継承する形式で超自然的な実体・原理を措定し、これを根源的要因として現象界を説明する方法が主流をなしてきた。この方法がヨーロッパに固有のいわゆる「哲学」である。今日のヨーロッパ思想の成り立ちは「2．」で記述したとおり四つの層で形成されていると言うことができよう。

　17世紀にデカルトによって新たな超自然的原理が打ち出された。精神・理性である。以後この理性によって現象界を説明する諸説（＝理性主義の諸説）が唱えられるが、本章では18世紀の啓蒙主義運動以降の主要人物であるカントとヘーゲルの説をまず取り上げ、理性主義の発展・変遷の中に人間の自律性がいかに成長したかを探ってみた。後半では反哲学的性格をもつと言われるニーチェとハイデガーの説を考察した。彼らの主張の要点は概ね下記のようにまとめることができよう。

1）カント説について

　17世紀にデカルトが、現象を認識する能力として人間の精神・理性の有効性を唱えたのは画期的であった。しかしその人間理性はまだ全面的に神的理性に依存したものであった。そのため、デカルトは人間理性の万能性を唱えたものの、それは神的理性の万能性のゆえであった。

　その後、カントを含む多くの思想家達が神的理性の後見を脱する試みを

行った。啓蒙主義運動もその一つである。この運動は理性の光によって人間の蒙（暗がり）を照らし出そうというものであるが、ここで言われる理性はデカルトの時代の古典的理性に対して批判的理性と言われる。神的理性の後見を部分的に脱した理性という意味である。また、人間の認識は全て経験に基づくものだとする経験主義の主張も登場する。

　理性主義の主張と経験主義の主張の論理的統合を試みたのがカントである。彼は基本的には理性主義のスタンスで考察を行ったが、経験に基づかない理性、すなわち純粋理性の有効性を批判的に検討し、その万能性を否定して有効性を部分的なものとした。一方で人間理性の有効性も認め、しかもそれは超自然的原理たり得ると主張して、これを超越論的主観性と呼んだ。その根拠は次のとおりである。われわれの認識している世界（＝現象界、自然界）は有限の人間理性を通して現れる。したがって、見方を変えると、世界は人間理性に合わせて作られていると考えることができる。そうだとすれば人間理性は自然界の形成構造の創造者だとも言える。この論理によってカントは人間理性を超自然的原理たり得るものだと考えた。カントによって人間の自律性が一段高められたと言うことができよう。

2）ヘーゲル説について

　ヘーゲルは人間理性の支配が及ぶ範囲の拡大を試みたと考えられる。彼は現象界を自然的な世界としてではなく歴史的な世界と捉える。しかも歴史的な世界は人間にとって自由を拡大する道程であると言う。となれば、そこで問題となるのは社会構造や国家機構などであり、これらは全て人間が作ったものである。すなわち全てを人間の主観性・意欲の中に取り込んだのである[19]。ここに人間理性は絶対的自由を獲得した絶対精神と呼ばれるようになり、これによる合理的社会形成まで主張されるようになる。カントにあってはまだ有限とされた人間理性もついに世界を形成する超越論的主観すなわち世界の創造を行う原理にまで高められるのである。カントによって試みられた人間理性の評価はヘーゲルによっていっそう高められ、ここに理性主義的哲学はひとまず完成を見たと言えるであろう。

　人間の自律性という視角からヘーゲルの主張を見てみるとどうであろう

か。彼は人間理性をついに神と同列の位置にまで引き上げたとも考えられる。その意味ではこの上ない所まで人間の自律性を高めたと言えよう。しかしこの自律性は、より広い視野で見ると単純に賞讃されるべきものではないように思われる。なぜなら、人間理性を「意欲」と言い換えたヘーゲルは現実に存在するものは全て意欲によって改造しうるという認識をもつまでに至っていたからである。あまりにも人間の尊大さが露呈してしまったとは言えないだろうか。後にニーチェが反哲学を唱える状況が拡大していたのである。ちなみに、ヘーゲルにはプロイセン国家の御用学者という面が厳然としてあったとも言われている[20]。

3）ニーチェ説について

　ニーチェは反哲学を唱えたが、その理由は端的に言えば、プラトン以来の哲学的自然観すなわち超自然的原理を設定して自然を説明する思想が自然を死せる材料におとしめ、結果的には人間の生き生きとした「生」の活力を失わせたと考えたからである。19世紀後半のヨーロッパでは科学主義、実証主義が支配的となっており、近代技術文明が華やかさを誇っていた。しかしそれは科学的に実証できるもの以外は何も信じられないという思想の蔓延をも伴っていた。そのためこの思想に対する反省や反逆も生まれていた[21]。そこで彼は超自然的原理を否定して、すなわち「神」を死に至らしめ、これに替えて感性的で創造的な、生き生きとした「生」の回復を試みた。カントは神を部分的に否定したに過ぎないが、ニーチェは全面的にこれを行ったと言えよう。

　「力への意志」という自然観を唱えたが、これは人間の精神の絶対性・全能性を主張したヘーゲルの主張とは全く異なる。ニーチェにあっては意志はもはや超自然的原理ではなく、生きた自然の、いっそうの高揚を目指す活動の発露である。それは具体的には、肉体の活動をベースとする感性的な活動、すなわち芸術によって実現される。ヘーゲルの言う精神が超自然的な原理の域にまで押し上げられたのに対し、ニーチェの言う意志は、人間の感性的で創造的な営為を促進する力だと言えよう。したがって、彼の主張は人間の生の感性を柱とする自律性を強く推し進めた説と言えよう。

4）ハイデガー説について

ハイデガーはニーチェから強い影響を受けたようで、その説はニーチェと同様に反哲学的なスタンスで唱えられている。彼も哲学・形而上学からの脱出という課題と格闘していたようだ。彼の説の要点としては下記の内容を指摘することができよう。

まず、彼の考えている人間の本質は、存在によって語りかけられ、要求され、「存在へと身を開き、そこへ出で立つあり方」にある。人間は存在の主人ではなく牧人、すなわち存在の真理を守るものとなるべきであると言う。人間が存在の牧人となるとき、そこには存在との始原的調和が実現される。

ハイデガーが反哲学的な説を唱える理由は、哲学的な方法で存在を見れば上記の始原的調和が壊れるからである。なぜなら哲学では全存在者を対象にして「それは何か」を問うが、その時、問う者（人間）は存在から離れ、しかも存在に対して特権的な位置にいるからだ。このような人間の尊大な営みは結局、人間から故郷を喪失させるため、彼の考える、あるべき人間性に反するのだ。これが「反ヒューマニズム」を唱える理由である。

彼はヨーロッパに固有で伝統的な哲学的方法が打ち出した自然観と、これをベースとする科学技術文明が人間性を否定することに心を痛め、これの転換を図ろうとする。その時、人間を分析する原理として彼が着目したのが時間であったようだ。人間が未来や過去とどう関わり合うかということは、存在を「作られてあるもの」と解するか、あるいは「成り出でてあるもの」と解するかという違いに密接に関連していると考えたようだ。

小　括

近・現代ヨーロッパ思想の本流を担うとも言うべき四人の思想を中心にして超自然的原理に対する人間の自律性という視角から考察してみた。これらの諸説は、元より経営学説と直接の関連性をもつものではない。したがって経営学の根底思想の、いわば先祖として取り上げたものだ。しかし先祖に遡ることには一定の意味があると改めて気づかされた。近・現代ヨーロッパ思想のほんの一部を紐解いたくらいの筆者の管見で大それたことを言うつもり

は毛頭ないが、今後は欧米の思想や経営学説に対してより冷静に対応できると思われる。筆者自身は欧米の諸物に対するナイーヴな憧れから脱しているつもりだが、研究に携わるものの一人として、今後はいっそう広くて深い証拠に基づいた研究を行うように心がけたい。

　ちなみに、われわれが日常よく用いる「本質と現象」という論法について一言添えておきたい。この論法は哲学的発想から出て来たものだと改めて気づかされた。そしてこれを用いる際にはよほど気を付けなければならないと思う。なぜなら「本質」という語の前には「不変の」という言葉が暗黙の前提として添えられているからだ。「不変の本質」などこの世界に本当に存在するのだろうかと疑問に思う。

　さて、第2章ではもう少し近・現代ヨーロッパ思想の考察を行い、これをベースとして米国の経営学の根底思想に接近したいと考えている。本章の内容は経営学の根本思想を捉えるためにはまだその入り口に過ぎない。企業家達の語った思想も取り上げなければなるまい。今日の欧米、特に米国社会にある強い宗教性や、経営に見られる強い実践意識、私的利益の飽くなき追求意識はどのようにして形成されたのかなど、疑問は尽きない。

注

1）紀元前500年頃ユダヤ教が生まれ、これをベースにして紀元後キリスト教が誕生する。その後、500年頃、キリスト教が東方の文化と融合してイスラム教が誕生する。

2）ハンス＝ゲオルク・ガダマー著、本間　謙、座小田豊訳『科学の時代における理性』法政大学出版会、1988年、16頁。

3）『哲学事典』平凡社、1982年、440頁。

4）マルティン・ハイデガー著、渡邊二郎訳『「ヒューマニズム」について』、筑摩書房、1997年、339頁。

5）マルティン・ハイデガー著、渡邊二郎訳、前掲書、335頁。

6）マルティン・ハイデガー著、渡邊二郎訳、前掲書、340頁。人間が存在から離れて、これを観察の対象とするとき、それを「存在者」と呼んでいるようだ。

7）マルティン・ハイデガー著、渡邊二郎訳、前掲書、347頁。

8）ハイデガー著、桑木務訳『存在と時間（上)』、岩波書店、昭和45年、「訳者の言葉」参照。

9）マルティン・ハイデガー著、渡邊二郎訳、前掲書、349-350頁および木田　元、270頁。

10）マルティン・ハイデガー著、渡邊二郎訳、前掲書、40頁。

11）マルティン・ハイデガー著、渡邊二郎訳、前掲書、84頁。

12）マルティン・ハイデガー著、渡邊二郎訳、前掲書、271頁。

13）マルティン・ハイデガー著、渡邊二郎訳、前掲書、75頁。

14）マルティン・ハイデガー著、渡邊二郎訳、前掲書、86-94頁。

15）マルティン・ハイデガー著、渡邊二郎訳、前掲書、75-78頁。

16）マルティン・ハイデガー著、渡邊二郎訳、前掲書、31-35頁。

17）マルティン・ハイデガー著、渡邊二郎訳、前掲書、31-35, 80-84頁。

18）マルティン・ハイデガー著、渡邊二郎訳、前掲書、101頁。

19）生松敬三、木田　元『現代哲学の岐路』講談社、1996年、90-92頁。

20）生松敬三、木田　元、前掲書、50頁。

21）生松敬三、木田　元、前掲書、46-58, 154頁。

参考文献

A）哲学史について

　1）木田　元著『反哲学史』講談社学術文庫、2000年。

　2）木田　元著『わたしの哲学入門』新書館、2014年。

B）ニーチェや現代哲学について

　3）木田　元著『マッハとニーチェ』新書館、2002年。

　4）木田　元著『現代の哲学』講談社学術文庫、1991年。

　5）生松敬三、木田　元著『現代哲学の岐路：理性の運命』講談社学術文庫、1996年。

C）ハイデガーについて

6）木田　元著『ハイデガー』岩波現代文庫、2001年。

7）木田　元著『ハイデガーの思想』岩波新書、1993年。

8）木田　元著『ハイデガー「存在と時間」の構築』岩波現代文庫、2000年。

9）木田　元著『哲学と反哲学』岩波現代文庫、2004年。

第2章　近現代ヨーロッパ思想に見る、神、自然、人間、社会、歴史の認識

導　入

　この章では近代ヨーロッパの思想の変遷・発展をより具体的なレベルで捉えることを目標としている。ここでは下記の著書を取り上げ、これを読み解くことによって近代ヨーロッパの思想の発展を考察する。

　本章の考察対象はFranklin L. Baumer著の "Modern European Thought —Continuity and Change in Ideas, 1600〜1950—", Maxwell Macmillan International Publishing, 1977である。これの翻訳書は、鳥越輝昭訳『近現代ヨーロッパの思想：その全体像』大修館書店、1992年である。本書では17世紀以降のヨーロッパの思想が包括的に取り上げられており、しかも一貫した分析基準で考察されているので思想の変遷が捉えやすい。

　上記の著書で設定されている分析視角は「存在と生成」である。存在（being）とは、絶対的で不変の公理を認め、全てのものをこれでもって演繹的に捉え説明する思想を指す。いわば静的存在観である。他方、生成（flux）は絶対的な公理を認めず、万物は絶えることのない流転の中にあるとする思想である。いわば動的存在観と言えようか。

　さらにこの著書の中ではより具体的な考察対象を五つ定め、これらに対する認識がどう変化したかを見ることによって思想の変化を捉えている。五つの考察対象とは神、自然、人間、社会、歴史である。これらの対象は中世以来の各時代の主たる学問対象でもあるので、これらに対する認識の変化を連続的に捉えて比較することによって近代思想の変遷がより分かりやすく提示されている。18世紀の半ば米国建国時に導入された思想とその背景も示されている。なお、本章は上記の著書の研究ノートとして作成されたものに加筆した内容となっているので、引用箇所は翻訳本のページを本文中に括弧付きの数値で示した。

1．17世紀の思想：「生成」に対する「存在」の優位

1.1　17世紀の思想の概要

　17世紀の思想を分析する試みはこれまであまり成功しなかったようだ。なぜなら17世紀には中世から近代への転換が明確になり、新しい思想がいろいろな局面で台頭してその対照が見られたからである。たとえばカトリックとプロテスタント、神秘主義（スペイン）と現実主義（オランダ）、古典主義（フランス）とバロック様式（イタリア）、分裂・混乱（ドイツ）と統一・秩序（フランス）、大陸合理主義（フランス）と経験主義（イギリス）などである（52）。まさに思想の対照の時代であったと言うことができる。

　このような対照は新旧思想の対立でもある。17世紀には思想そのものが中世的あるいは古代的な様相とははっきり違う様相を呈し始めていた。近代思想を語るときに取り上げられることの多いルネサンスと宗教改革でさえ、その導きをギリシャなどの過去に仰ぐ傾向があったが、しかし17世紀の近代派の人たちはそうではなく、現在と未来の方へ目を向けていた。ここで言う近代派とは、その後ヨーロッパ文明の中で支配的な力となった新しい世界観を主張した人たちを指す（53-54）。

1.2　五つの考察対象への影響

1.2.1　新しい自然観の誕生

　中世末期、17世紀が始まるまでには、天体観測や地上での物理的実験など、多くの自然観察成果が蓄積されていた。これらが基礎となって近代科学革命が実現されたのであるが、この過程では本書での基本的な五つの考察対象についても大きな変化が生じていた。

　まず、最も主要な変化とも言うべき変化が自然観において誕生している。それはコペルニクスからガリレオへと続いた物理学者たちと、デカルトからスピノザへ連なった哲学者たちの協同の成果でもある。それは天地創造以来継承されていた目的論、つまり宇宙には精神的・知的な存在があり、これが定められた目標に向かって物体を動かしていると考える宇宙観が否定された

のである。すなわち自然から精神が追放されたのである。天上界と地上界という古い二元論も破壊されて、無限の宇宙が描かれるようになった。この新たな宇宙観を身近な自然に引き寄せて言うと、自然現象が物質の機械的な影響関係だけで説明されるようになったことである。言い換えれば数量的な因果関係だけで自然が説明されるようになったことである（59, 80-81）。この新たな自然観のおかげで、科学者たちは神学と形而上学とをほとんど気にとめずに研究を進めることができるようになった（78-99）。

　ただ、人間の認識は一挙に変わるものではなく、目的論と機械論とはまだ混在していたのが17世紀の歴史的事実である（84）。そのために当時の自然科学はまだ完全に自然主義的になったわけではなかった。しかし新しい自然観が当時の人たちの認識を変えつつあったことは事実である。

1.2.2　人間観の動揺

　上記のような新たな自然概念の誕生に伴って人間は自分の力を自覚し始めていた。たとえばデカルトが主張した精神すなわち人間理性による認識とその活用に関する自信である。知識概念にも根本的な変革が生じていた。新たな知識概念は観想を目標としたかつての知識とは違い、動的なものであって、功利主義的・活動主義的目標をもつに至っている（59）。ベーコンは新たに帰納的思考方法を提唱し、新しい知の世界に乗り出すことを宣言した。

　17世紀には知的・宗教的混乱状態があったため人間観についても捉え直しが行われ、相対立する二つのものがあった。①人間を惨めな存在とするものと、②人間を偉大な存在とするものである（129）。前者は聖書に書かれた「原罪」を根拠とするものであり、堕落した人間性と惨めさが強調された。しかし科学の運動に顕著な関わりをもった人たちと合理主義者の間ではもっと楽観的な人間論が唱えられていた（135）。これが後者である。その主張では「理性的人間」という人間像が新たな装飾を加えて述べ直された（137）。

　近代科学の方法を打ち出した人たちからは人間の偉大さについて別の心象もあらわれた。①自然の一部であるという人間像と、②自然を支配する人間という人間像である。ベーコンをはじめとする多くの科学愛好者は人間が自

然に対する支配力を持っていることを強調した。そしてその後も人間による新しい知識の獲得と、それによる力への希望を語る人間賞賛が広まっていった（142-145）。

1.2.3　神、神学について

　上記のように、自然に関する思想や人間に関する思想に新たな動きが現れた間にも宗教の問題は関心と論争を引き起こし続けていたし、ほとんど全ての新しい哲学大系の中でも神は重要な位置を占め続けていた。しかしこれらの哲学大系の中でも神についての考え方には明らかな変化が見られた。かつて諸学の女王と言われた神学は思想に対する支配力をしだいに失いつつあった。神学は自然と人間に関する思想のみならず、神に関する思想についてまでも支配力を失う傾向が見られた。

　機械論的宇宙観は、人間中心的に構成されている神学にとっても脅威であった。自然が特別に人間のためだけに造られたという考え方と矛盾するからである（92-93）。しかし伝統的な目的原因論も17世紀にはなお根強く継承されていた。たとえばフランシス・ベーコンは自然をどうにかして神の摂理に結びつけようとし、神学の教えを活かして自然に対する人間の権利を主張している（93）。

1.2.4　社会観、歴史観の変化

　歴史観にも新しい動きが見られた。古代派と近代派の論争である。前者は従来からの古い社会観である。この派に属する人たちの歴史観には二つのタイプがあった。①歴史を堕落ないし衰退の過程と見る見方と、②歴史を循環する過程とみる見方である（174-175）。前者は明らかに「人祖の堕落」にこだわる見方であり、17世紀になってもまだ少数の人たちの間で支持されていた。また歴史が循環するという思想は多少なりとも希望を感じさせる説であり、社会は循環しながら進歩すると考えられていた。

　これに対して近代派と呼ばれる歴史観は主としてフランシス・ベーコンとデカルトの思想を基盤とし、科学革命を利用しようとする進歩主義的な思想

である。この派にも過去の業績を批判的に捉える人たちと、逆に彼らの時代までの進歩を前向きに評価し、人類が達成できそうな事を示そうとする楽観的な人たちがいた。前者は主張の根拠を聖書において、そこに進歩を読み取ろうとする立場であり、後者は世俗的な側面から社会の進歩を唱える立場である（174-202）。

　17世紀は西洋における「近代的」な政治思想の発達にとっても決定的な飛躍の時期であった。社会と政治に関して根本的に新しい考察の仕方が生まれ、主権、世俗国家、個人の権利、合理的構成物としての政治、のような新しい思想が生まれたからである。政治体制で言えば、①権力の集中を主張する絶対主義、②これに反対する反絶対主義、③科学としての政治学などの主張である（147）。

1.2.5　「存在」の影響の持続：信仰と理性について

　17世紀には確かに上記のような大きな変化は起きた。しかしそれはまだ激烈なものではなかった。本書の評価基準で言えば「生成」は「存在」を駆逐するほどではなく、近代派の人たちの思想の中にさえ「存在」的要素の継承は見られた（58）。たとえばベーコンでさえ科学者は「自然という聖書」を研究しているのだと考えていたし、科学は被造物の中に働いている神の力を明らかにするものだとも考えていた。しかし彼は神学の介入から科学を防護する努力は確かに行っていた（106）。デカルトはもはやアリストテレス哲学やスコラ哲学は尊敬せず、ガリレオの科学を擁護した近代派であった。しかしこの合理主義者でさえもまだ万物の永遠の秩序、すなわち「存在」的考え方に味方していた。彼の精神の中で、神と自然法則という二つのものが結びついていたのは明らかであろう。このことはデカルトのみならず、スピノーザやライプニッツにおいても同様で、「生成」よりむしろ神の「存在」が強調されていた（123）。デカルトよりも半世紀も後に生まれたニュートンにも「聖書的な神」がまだ多く残っていた（120）。

　17世紀哲学のもう一つの主流であった経験主義哲学者たちも宗教の諸問題に関心を持っていた（101）。しかし合理主義者に比べれば、その知識概念に

おける動的性格が強く、永遠性・不変性は明瞭には現れていなかった。

　このように17世紀を通じて、宗教に関する問題と考察は当時の思想の中で
なお重要な位置を占めていたし、現象の根底にある実体論的な世界、安定し
た宇宙への信頼は揺らいでなかった。そして「存在」はヨーロッパ思想の主
要な前提として、おおむね「生成」よりも優勢な立場を維持し続けていた
(68-71)。神学はもはや思想界の中心ではなかったが、それが純粋に周辺的
なものになるのは18世紀の啓蒙主義時代である（103）。

２．18世紀の思想：「存在」と「生成」の混在

２.１　18世紀の思想の概要

２.１.１　新たな変化の動向

　18世紀には思想の分野に新たな動向が生まれた。前世紀に明確になった理
性主義思想と科学的方法をベースとする啓蒙主義、およびこれと対をなす反
宗教的な考え方、ならびに啓蒙主義の〈狭さ〉に異議を唱えたロマン主義な
どである。

　カント（1724-1804）によれば、18世紀は啓蒙主義の時代であり、また由
緒ある諸原則の破壊が試みられた批判の時代でもあった（206）。ちなみにこ
こで言う啓蒙とは理性を自由に使うことを意味した（206-207）。ディドロに
よれば、18世紀は哲学的な時代であった。その意味するところは、過去の権
威ある書物の中にではなく、理性の法則を利用して「自然」の中に法則を見
つけようとすることである（207）。またトレルチによれば、啓蒙主義はヨー
ロッパ諸国民が中世から近代へと変化した際に要の役割を果たしたものであ
り、彼らが超自然主義的＝神話的＝権威主義的なものの考え方から自然主義
的＝科学的＝個人主義的なものの考え方へ移行したことを意味する（207）。

　ただ、ひとこと付言するなら、啓蒙主義思想は必ずしも統一的なものでは
なく多様な内容を含んでおり、また当時の新しい主要な思想はこれだけでは
なく、後述するロマン主義やドイツとフランスで見られた疾風怒濤の文学運
動、新古典主義思想などもあった（208）。

18世紀は「理性の時代」とも言われる。しかし啓蒙主義者の間では理性の認識能力には限界があるとの考えもしだいに高まっていた。この点で17世紀の合理主義者たちとはかなり異なっていた。啓蒙主義者たちの見方によれば、理性は感覚的経験と不可分である。つまり理性は経験的な現象の世界の先まで見通すことはできないが、現象界に対しては有効性を発揮し、一般的な法則を導き出すことができる。そのため、18世紀には合理主義が経験主義との結びつきを強めていった（208-209）。

2.1.2　ロマン主義思想の台頭とその意義

18世紀はまたロマン主義の時代でもあった。この運動は思想における一つの革命であって、科学革命や啓蒙主義と同様に強力であり、近代のヨーロッパおよびアメリカの思想にも濃い彩りを与えた（210）。この思想の目的は近代世界＝科学的文明に対する最初の大きな抗議だと言うことができる。端的に言えば、啓蒙主義に対抗した運動である。

近代世界は17世紀に形成され始め、合理的・科学的方法で新たな世界を築いてきた。啓蒙主義はこれをベースとしながら旧来の超自然的なキリスト教の体系に抵抗し、人間を新たな知識の世界に導こうとした。しかしロマン主義者から見れば、啓蒙主義は幾何学的思考とそれにつながる新古典主義や経験主義にふけりすぎるように見えた。そして彼らはニュートン的な機械としての自然観にも抵抗を示した。

そこでロマン主義者は近代科学文明や啓蒙主義が捨象したものを回復しようとした。彼らは人間の生活の中にある非合理な要素を一番重要だと考えた。そのため一般性よりも特殊性や個性が強調された。分析ではなく綜合に向かおうともした。自分たちが創造と生成の世界に住んでいることを意識し、芸術は秩序よりも自由から生まれ、規則や法則よりも自然な創造から生まれると考えた。そして自然の中に神を見た。啓蒙主義よりも大きな広がりをもった人間観を提示しようとしたのだと考えられる（380-425）。つまり彼らには啓蒙主義の世界は大切なものを捨象しすぎており狭すぎると思われたのである。

2.1.3 「存在」と「生成」の混在

　上記のとおり18世紀にはヨーロッパ思想界に新しい動きが見られた。しかし「変化」や「新しさ」を判断する基準をどこに求めるかという問題に直面したとき、やはり「不変の原理」が存在するということを認めざるを得なかったようだ。18世紀も半ばになると新古典主義の理論と様式の復活が見られた（225）。たとえば美学の分野では、一方で個々人のもつ基準・多様性を尊重しながら、他方では一般的原理、普遍的な美の永遠性が重視された。ヒュームは美学的な主観主義を提唱した。つまり思弁的レベルでは絶え間なく流転する多様性を尊重しながら、他方で倫理と美学の原理には不変で普遍的な基準が存在すると主張した（227）。また根っからの新古典主義者であったボルテールは、人間の習俗や生活は変化するが、変化するものの底には変わらぬ人間性があり、永遠の法則があると考えたようだ（223-225）。

　これらのことを綜合してみると、18世紀の思想の諸相には次のような共通点があったと言えるであろう。理性の時代であり、多くの新しい展開が見られ、過去の基準からの変化が試みられた。その意味では「生成」が台頭した時代であった。しかしこの時代の多くの人たちはなお過去からの連続性と永遠の法則とで成り立っている世界に生きていた。この側面を見れば18世紀はなお信仰の時代でもあり、「存在」も継承された時代であったと言うことができよう（210-211, 224）。

2.2　五つの考察対象への影響

2.2.1　神と自然について

　18世紀は神を否定する試みが顕著になった時代である。神学に対する威信は以前よりもさらに低下し、反宗教的な憎悪も高まった。「超自然的なもの」が従来よりも疑わしく思われるようになった（222）。マックス・ヴェーバーによれば、「呪術からの解放」がおこり、「神々を奪われた世界」が出現した。しかしこれは人びとがこの世を厭うようになったからではなく、宗教に対する無関心が広がったわけでもない。逆に経済的・政治的な見通しが改善された結果だとも考えられている（268）。

18世紀には、自然に関する問題はもはや17世紀ほどの知的な興奮を生み出さなかった。しかし自然のあらゆる側面についての関心は相変わらず高く、「自然」という語は多くの人たちにとって優秀さの新基準、原理、法則ともなり、新しい権威ともなった（288）。

2.2.2　人間について

自然に関する関心が相対的に低下したこととは逆に、人間についての問いは18世紀の思想の中では最大の関心事となった。これは人文学者たちにとってだけではなく、フランス、ドイツ両国の啓蒙思想家達にとっても、またヒュームやカントのような大哲学者たちにとっても取り組む価値のあるものとなった。そして人間や人類について研究するアンソロポロジーが諸科学の新しい女王となったのである。すなわち、17世紀には中心的学問が中世キリスト教文化の神学から自然科学に移り、ついに18世紀には人間に関する問いがこれらに取って代わったのである（233）。人間の社会、人間の歴史がこの世紀の思想の最大の関心事になったのである（222）。

この移行を象徴的に示すものとして『百科全書』の編集を挙げることができよう。ここでは「超自然的なもの」を中核的基準とした編集は放棄され、人間が企画の中心に据えられたのである。すなわち、「人間は唯一無二の出発点であり、全てのものがそれに関連づけられるべき目的でもある」との認識の下に編集が行われた（222-223）。

2.2.3　社会について

科学的方法を社会についての諸研究に応用する試みは17世紀から一部の思想家たちによって行われていたが（311）、18世紀に入るとこれを政治問題と社会問題に応用する関心がいっそう活発になった。この二分野は人間学の中の主要なものとされたのである。

1）人間の自由の主張とその根拠

18世紀になると自由主義の主張がなされるようになった。ただこの時期にはその内容は多面的で、政治的、経済的、社会的なものなどがあった。た

とえばアダム・スミスの言う自由は政府による干渉を最小にすることであった。ただいずれの主張でも個人の権利としての自由が重視されていたのは確かである（322）。

　この「自由」は市民的自由と経済的自由を含んでいる。市民的自由とは自然的自由とは違って、社会の中で一般意志によって制限が加わる、いわば道徳的自由を意味する（336）。また、この時期に経済的自由を主張する根拠とされたのは自然法の理論である。自然法は神の意志を意味する秩序であり（329）、モンテスキューによれば万物の本性から出てくる必然的な諸関係である（315）。つまりそれは神の設計した間違いの無い秩序である（328）。これを根拠とする傾向は18世紀全体を通じて顕著な持続性を示していた（314）。

　しかしモンテスキュー自身の主張する「自由」の根拠は一歩先を行っていた。もはや自然権ではなく「法の許すこと」とされている（323-324）。ここには神に依存した根拠からの離脱が見られる。

２）個人の自由と社会の利益について

　この時期には個人の経済的自由と併せて社会全体の利益も論じられ始めている。ベンサムによって主張された「功利性」という概念である。それは万人の幸福、つまり諸個人および諸社会の幸福という意味である。彼はフランス革命後に革命家たちが自然法に訴えかけた方法を形而上学的な戯言に過ぎないと非難し、功利性という新たな試金石を提示した。それは万人の幸福は経験によって集めた事実から判断する以外にないとの判断によるものである（312-313）。ここには立法の根拠においても超自然的な根拠から離れて、人間の経験を重視する姿勢が見られる（298）。啓蒙思想家は神の支配した過去を我慢ならないものと思っており、功利性ないし全体の幸福という原則に従って現在を作り替えることができると考えていた（325）。

　ちなみに、この時期には王権の認識にも変化が見られる。いわゆる王権神授説に見られるように、かつて王権は神的な存在と見なされた時期もあった。しかしたとえばプロイセンのフリードリッヒ大王のように「啓蒙的専制君主」と言われるタイプも生まれている。そこでは国王は、いわば国家という機械のゼンマイに例えられる（320）。重商主義論者たちも、一部の立憲主

義者達も、国家を機械装置のようなものとみなし、これをより大きな安定・自由・平等を作り出すように操作されるべきものだと考えていた（321）。

3）平等の主張とその根拠

18世紀には自由主義と並んで、個人の「平等」思想も着実に広まりつつあった。啓蒙思想家たちは下層階級の悲惨な状態を見て、彼らの経済状態を改善し、その才能に道を開く方法を論じ始めていた（331）。平等を説いた哲学者としてはエルヴェンシスとルソーを挙げることができる。エルヴェンシスは不平等の原因を遺伝ではなく「偶然」、つまり社会体制と習慣にあるとし、環境の改善を働きかけた。ルソーも環境決定論者だった。彼は次のように言う。人間は元々平等であったが、私有財産制の導入に伴って不平等が発生した。しかし社会が失ったものを復元すれば平等の回復のみならず改善も可能であると。これが『社会契約論』の主題であった（332-333）。

4）不平等の是認

上記のとおり平等を説く思想は確かに広まってはいた。しかし同時に不平等を是認する思想も存在した。たとえばモンテスキューは、市民的自由に関しては万人が平等であるべきだと主張しながら、同時に階級社会を当然の前提としていた。同様に、大半の啓蒙思想家たちもある種の身分社会を良いものだと考えていた。また彼らは「民衆」を恐れてもいた。ヴォルテールによれば、「民衆」は「人間と野獣との間にある」別個の階級で、他の人々のために肉体労働をする存在である。オルバックは「ひとびとの間に元来存在していたと信じられているような偽りの平等を想定するのはやめよう。ひとびとは、いつの時代も不平等だったのだ」と言った（330-331）。

2.2.4　歴史について

従来、歴史は経験の拡大を可能にするものと考えられ、歴史の中から応用可能な役に立つ真実を発見することが目的とされていた。しかし18世紀には歴史は従来よりも大きな意味をもつようになった。歴史の範囲および主題も拡大され、「因果関係の学」としての歴史、政治家と哲学者のための知恵の源泉としての歴史という位置づけがなされた。

　さらに18世紀半ばには歴史に「進歩主義」的な解釈も加えられるように
なった（345）。進歩思想はまた科学の進歩を宣言したのみならず、科学の進
歩に道徳と幸福の向上が伴うという認識を示した点で革新的であった（352）。
歴史を神の定めた不変のものとするのではなく、歴史の中の変化が捉えられ
ようとしていたことは明らかで、その意味で「存在」に対して「生成」が優
位性を高めつつあったと言うことはできよう。

　歴史哲学はこのように18世紀に新しい分野を開拓した。しかし18世紀の政
治思想と同様に、歴史の分野にも自然法哲学の諸範疇は根強く継承されてお
り、それが完全に捨て去られたわけでは決してなかった（363）。たとえば重
農主義理論の背景にも、アダム・スミスの理論の背景にも、神の意志である
「自然的」秩序に従えば私的利益と社会全体の利益とがおのずから調和し、
需要と供給の間の釣り合いがとれるという仮定があった（329）。

　18世紀の思想状況を振り返ると、この時期には自然の問題はあまり関心を
呼ばず、人間の問題がクローズアップされた。人間の理性に対する信頼が高
まり、これが啓示（＝神の存在）を圧倒していた。そして人間の理性によっ
て迷信を打破し、蒙（暗がり）を啓くことが期待されていた（＝啓蒙主義）。
人間の理性に対する関心が高まれば、理性に基づく人間の意識的営みへの期
待も高まる。そのためこの時期には政治と社会の問題への関心も高まり、活
発な議論が行われた（249-311）。

3．19世紀の思想：「存在」に対する「生成」の優位

3．1　19世紀の思想の概要

　フランス革命を経て19世紀に入ると、一部の人たちの間では新たな時代へ
の期待が高まっていた。たとえばサン・シモンは、批判的で革命的であった
18世紀に対して19世紀は創造的で建設的な時代になることを予測していた。
しかしこの世紀は実際には、これまでのヨーロッパの歴史の中で最も批判的
で分裂した世紀になった（366-367）。ここでは19世紀の思想の大きな潮流を
捉えながら、神、自然、人間などに関する認識がどのように変化したかを捉

えてみよう。

　全体的な特徴としては、当時ヨーロッパの様々な局面に大規模な「個別化」の過程が進行していたことが指摘できる。この過程ははるか以前に始まっていたのであるが、19世紀にはそれが頂点に達していた。そのためヨーロッパは国家レベルでは熱烈な自意識を持つ国家単位に分裂していた（368）。同様な動きは知識の分野にも見られた。それまで総合科学的な内容をもっていた自然科学はより細かい分野（discipline）に分化し、それぞれが専門性を高めた。精神哲学は心理学として対象を明確化し、政治思想や歴史思想も普遍的・一般的なものの言い方をしなくなった。つまり歴史は一般的な法則よりも、むしろ個別的なもの・特殊なもの・繰り返されることのないものに重点を置くようになったのである。この状況は知識の断片化、無秩序とも言われている。このような動向の中で科学（狭義の自然科学）は相対的に威信を高めていった。なおこの時期に神学も近代化されつつあったが、知識の諸分野をまとめる力は失っていた。哲学（形而上学）は新しい諸科学に領土を明け渡していった。「存在」の後退と言えよう。

　19世紀の思想にはこのように前例のないほどの多様化が見られた。この世紀の思想を次の四つの視角から捉えてみよう。①ロマン主義の世界、②新啓蒙主義の世界、③進化論の世界、④世紀末の状況、である（369-370）。

3.2　ロマン主義思想の台頭とその影響

　ロマン主義思想は18世紀の思想としても取り上げたが、19世紀にまたがる問題であるので再度確認しておこう。この思想の根は近代世界に対する抗議、すなわち合理的・科学的文明に対する抗議にあると言うことができる。何に抵抗を示したかと言えば、直接的には合理的・科学的方法をベースとする啓蒙主義に抗議したのである。より具体的には、多くの要素を捨象する幾何学的思考、それにつながる新古典派的理論、経験主義などである。逆にロマン主義思想が求めたものは、精神的な慰め、人間の非合理的要素の評価、創造性と生成などであり、啓蒙主義よりも広い人間観を主張した。つまり人間は機械以上の多様性を備えており、ものを考える存在だと主張したのであ

る（380-406）。

　18世紀半ばに顕在化し始めたロマン主義思想は1780年から1830年にかけて頂点に達した。そして多方面に少なからぬ影響を及ぼした。本書で取り上げる基本的な五つの考察対象も検討し直され、前世紀とは根本的に異なるものとなった。宗教は形而上学と共に再び支配力を取り戻した。自然は「自然即超自然主義」という新しい概念によって人間化され、精神化が図られた。ロマン主義は人間の認識能力も拡大させ、人間性の感情的・非合理的な側面を解放した。

　だが、ロマン主義者たちが19世紀の思想に与えた最大の影響は高度に発達した歴史感覚の結果として現れた。この歴史認識は諸国民の間の類似よりも相違・個性を強調し、国民ごとに運命が異なることが強調された。ロマン主義的歴史主義は歴史を物質的な力に対立する「精神的な」力の働きとして説明した。そして彼らは環境決定論を受け入れなかった。ロマン主義の近代性はそれが「生成」を自覚していた点にあった。彼らは果てしなく変化する世界の中に生きていることを啓蒙主義者たちよりはるかに強く意識していた。そのため、真理はつねに「生成」するもので、決して「存在」するものではないと考えていた（424-425）。啓蒙主義とロマン主義の要点を比較すれば表2－1のようになろう。

表2－1　古典主義、啓蒙主義とロマン主義の要点比較

古典主義、啓蒙主義	ロマン主義
総合、一般化、普遍化	分析、個性、特殊化、歴史主義
近代科学が背景	近代科学的思考に反発
不信仰（18世紀）	宗教の復活
機械としての自然	自然の中に神を見る＝自然即超自然 自然＝キリスト教の書いた聖書 　　生きて成長し、創造と生成を続ける有機体
機械としての社会	社会有機体説、啓蒙主義に嫌悪

出所：本書の記述から筆者が作成

3.3　新啓蒙主義思想とその影響

3.3.1　新啓蒙主義思想の特徴

　ロマン主義の世界と時代をほぼ同じくしながら、これとかなり激しく衝突したのが新啓蒙主義思想である。これを唱えたのは主としてイギリスでは功利主義者たちと哲学的急進派、フランスでは実証主義者たち、ドイツでは青年ヘーゲル派、さらにヨーロッパ各地の写実主義者、科学者たち、自由主義者たちである。彼らは必ずしも一つの集団を形成していたわけではないが、いずれのグループも啓蒙主義の精神を19世紀に持ち込んだ点では共通している（426）。

　新啓蒙主義思想と旧啓蒙主義思想の共通点と相違点を確認しておこう。まず、新啓蒙主義も全体としてみれば旧啓蒙主義との共通点を数多く有している。彼らも超自然的なものや形而上学を毛嫌いしたし、科学と自由思想を重視した（429）。また理性を一番尊重しており、理性には自然と社会についての諸法則を発見する力があると信じていた（454-455）。

　しかし新啓蒙主義の立場から観れば、旧啓蒙主義は次のような特徴を有していた。①やや形而上学的で、独断的である。②批判的・分析的でありすぎて、社会の調和をもたらすには無理があった。③農業社会、商業社会を背景としていることなどである。これに対して新啓蒙主義思想は工業社会を背景としていた。それはフランス革命後に登場した産業革命にも直面したためか旧啓蒙主義よりもはるかに強く「変化」を意識しており、常に発展を続ける現実という観点からものを考えていた。たとえば、発展していく神ないし精神、発展していく社会秩序、そして自然までも発展していく自然と考えていた（429-430）。19世紀には工業化の進展が顕著になり、これが政治や社会の面でも、また知性の面でも変化を促進させ始めていたのである。そのため新啓蒙主義思想家たちはこれを鋭く意識していた（427）。なお、彼らはロマン主義の主張全般を敵視はしていたが、実際にはそれをかなり自由に借用もしていたようだ（427）。

3.3.2　五つの考察対象に対する新啓蒙主義思想の影響（372）

1）自然の概念について

　新啓蒙主義思想では科学的方法への信頼が高かった。あらゆる問いに科学によって答えを出そうとし、行動にまで科学の原理を当てはめようとした（431）。科学への信頼度の高まりは実証主義の高まりとともに決定論への信頼を高めることになる。つまり自然の中では「法則」が支配しているという認識と、一定の条件からは規則的に一定の結果が得られるという認識である。そして自然に対する人間の支配意識は強くなっていった。ここに新啓蒙主義の「自然」は決定論的思想を基礎とする機械論的自然となり、ロマン主義の「自然」とはずいぶん違うものになった（438-441）。ただ、当時広がりつつあった進化論の影響もあったのか、上述したとおり「発展してゆく自然」という観点も有していた。

2）神と人間について：「存在」する神から「生成」する神へ

　新啓蒙主義は啓示宗教としてのキリスト教に攻撃を加えた。当時は実証主義が優勢な思想状況があったので、キリスト教は非科学的で個人愛に偏っており、社会的感情や利他主義への関心が乏しいとみなされたようだ（443-444）。しかし宗教が社会の役に立つとは考えていたので宗教を押しつぶそうとはせず、ただ形を変えようとしたようだ。そのため19世紀前半に、科学的に信用でき、心理的に満足が得られ、社会の役に立つような宗教を考案する試みがなされている。このような思想状況の中から出て来たのが「人類教」だった。これは基本的には神を捨て去っていたので究極的には人間への信頼に基盤をおいたものだった。つまり人類教では、言わば人類が新しい神となったのだ（445）。

　折しもヘーゲルは神の理性と人間の理性との融合を試みていた。人間の精神には「絶対的存在」としての能力があると考えられるようになっており、ついに神と人間とのあいだの区別を克服するまでになる。かくして「世界に内在する精神」とされた神は歴史の中で人間の思考を通して発達してゆくことになる。したがってヘーゲルにあっては、神は「存在」するとともに、明らかに「生成」もする新しい神となっていた（445-446）。

このような事例からも推察されるとおり、当時ヨーロッパでは人間性への評価は極めて高く、人間がおおむね神格化されたようだ。新啓蒙主義においても、かつては神のみに与えられていた性質と力の多くを、人間のもの人類のものだと考えるようになったのである（448）。

3）社会について

　新啓蒙主義の思考の中では社会問題が非常に重視された。それは人類教を生み出した新啓蒙主義の基本的性格からもじゅうぶんに理解できる。新啓蒙主義の社会思想の特徴は科学的であろうとした点にあり、実際にその提唱者たちは諸法則と予測可能な価値とを完備する「社会科学」を作り上げようとしていた（457）。

　ところが新啓蒙主義には科学性を重んずる立場からは考えにくい側面もあった。旧啓蒙主義よりもヨーロッパ中心主義が強かったのである。それは西洋文化が世界の中の他地域の文化より優れていることを前提とする社会認識であった。トマス・ヘンリー・バックルの『イギリス文明史』（1856）では、アジアとアフリカの文明はヨーロッパの文明よりも劣等なものだとされている。彼はまたヨーロッパにおいてだけ人間の精神が自然に打ち勝ち前進することができたと主張している。アジア・アフリカの文明をこのように劣等視することは当時はかなり一般的だったようだ（466-467）。進歩に関しても、歴史は少なくとも世界の中の西洋という地域では地上の楽園に向かって進みつつあり、その楽園で人びとは幸福できわめて順調な生活を送るはずだと考えられていた（466-469）。

4）歴史について

　新啓蒙主義思想を唱える歴史家は科学的な歴史を書きたいと切望していた。つまり歴史の中に規則性や一般法則を発見しようとしていた。しかも19世紀半ばの科学的歴史家達が誰でも賛成した唯一の法則は「進歩」の法則だった。そして多くの人たちは歴史的な相対主義を信じるようになっていた。

　進歩をもたらす要因としては、精神の役割を強調する人たちもいれば物理的ないし物質的な諸力を強調する人たちもいた。ヘーゲル派の人たちは意識

が拡大していくのだと力説した。他方マルクスは意識が生活を決定するのではなく生活が意識を決定するのだと言った。ここに言う「生活」とは人びとの置かれる経済的な関係を意味している。彼はヨーロッパの新しい経済的な現実を鋭く意識していたのである。またイギリスの合理主義者たちは精神ないし知性を進歩の主要な決定要因と位置づけていた。合理主義は宗教的な反啓蒙主義に勝利し、魔法や魔術を払拭して近代科学の発達を可能にした思考様式だと考えられていた（469-471）。

　人間の歴史的な運命に関しては実に楽観的で自信に満ちていた。そして次のように考えていた。祈りによってではなく、人間自身の努力と知的な業績とによって大地は楽園に変わるだろう。人間は動物たちの王となり、自然の主人となり、蒸気と電気の支配者となった。科学によって自然法則を確かめれば、人間は自然に代わってみずから自然と同じ活動をすることができる。そして自然法則を理解すれば、人間は未来を予測することもできると。新啓蒙主義者はロマン主義と科学主義とを取り込んで進歩への強い信仰を抱いていたようだ（473-474）。

3.4　進化論の世界とその影響

　「進化」という発想は広い意味では近代以前にも存在した。しかし一定の科学的根拠に基づくものは、やはりダーウィンの「種の起源」（1859年）を契機とすると言うことができよう。なお念のために付言するが、「進化」は純粋に「変化」を意味するものであって、価値観を伴う「進歩」とは異なる。

　1850年代以降、「進化」思想はヨーロッパの思想に浸透していくが、最初はすぐには社会に受け入れられなかった。しかし1880年以降、科学者や人類学者によって急速に受け入れられていった。その結果、実証主義思想も旧来の静的なものに代わって動的なものが有力となっていった（476）。

3.4.1　神について

　ダーウィン学説は当時ヨーロッパで行われていた「科学と神学との間の戦

い」に強力に貢献した。そして伝統的に理解されてきた意味での宗教を死滅させ、新しい世俗的なヨーロッパを出現させることにも強力に貢献した。この頃多くの人たちは「意向も魂も神も無い」世界を確信し始めていた。そして「神の死」も公然と論じられていた。ダーウィンは自然の働き方を神の「意向」によってではなく「自然淘汰」によって説明したのである（499-500）。

「進化」的発想によって、ひとびとは諸宗教を歴史的な現象に過ぎないと考えるようになった。また、諸宗教の物語る「神話」そのものもしだいに時代遅れな現象に過ぎないと考えられるようになった。そして世界には神の意向なしに自らを形成できる自己形成力があると考えられるようになっていた。キリスト教が盛んであった頃のような神による無謬の導きとか普遍的真理の決定的な体系とかは失われてしまっていた（502-506）。

3.4.2　自然について

旧来の宗教に基づいた自然観はおおむね打倒された（481）。すなわち自然から神の「意向」が追放されたのだ。しかもダーウィン主義者たちは「意向」だけではなく「偶然」も排除した。つまり、自然の中の万物は一定の諸法則の結果であるとダーウィンは言った。ダーウィン的な「自然」の新しい特徴を説明するキーワードは、「時間」という要因と「闘争」という要素だった。

かつて自然は歴史的に発展するものだとは、つまり時間の中で歴史をもっているものだとはみなされていなかった（481-483）。しかしダーウィンにおいて頂点に達した19世紀の科学は自然を歴史化し、自然に時間という新しい次元を与えた。ダーウィン的自然は当時「自然主義」と呼ばれ始めていたものであった。自然主義とは自然を神から切り離し、精神を物質に従属させ、不変の法則を証人に仕立てたものである。19世紀半ばを境に「意向を持たない自然」という根本的に新しい自然像が描き出されたのだ。この新しい自然概念によってあらゆる硬直性が溶け去り、あらゆる固定性が消え去り、永遠のものだと見なされていたあらゆる個別性が一時的なものとなった（478-

484)。

　ただ、「闘争」に関しては注意を要する。確かにダーウィンも「種の起源」
の中で「生存のはげしい戦闘」などに言及しているが、戦闘を重視しすぎな
いように警告もしている（484-485）。ダーウィンの説に於いて重要なこと
は、ある種が、その置かれた環境の中で適応する過程で新しい種が生まれる
という主張である。進化という概念が自由概念と相まって、経済や経営分野
での競争をあおる手段に使われないことが肝要であろう。

3.4.3　人間について

1）人間の尊厳の低下

　ダーウィンの進化論が登場するまで、人間はおおむね『聖書』の記述を根
拠にして例外的な存在と見なされてきた。しかしダーウィン説によって人間
自身も「進化」の過程の中に巻き込まれ、それによって人間が動物に起源を
もっていることに関心を向けざるを得なくなった。人間が動物という卑しい
素性を持っていることを突きつけられたのである。進化論によって自然の中
での人間の位置が全く変わってしまった。人間を旧来の宗教的な背景から引
きずりだし、人間が特別な創造で造られて特別な地位を与えられていること
を否定し、人間の存在が完全に自然的な諸力で説明されるものになった。

　多くのキリスト教徒にとっては、進化論は神を冒涜するもののように見え
た。なぜなら人間が動物から進化してきたという見方は、ただ単に『聖書』
と矛盾するのみならず、人間の本性と運命について彼らが教わってきたこと
をことごとく否定していたからである。進化論に対する反対がわき上がった
が、その理由は人間の尊厳に関する認識の転換を迫られたからである。哲学
者や神学者を一番懸念させたのは、人間と低級な動物との緊密な関係を認め
ることによって人間の尊厳が低下することであった（478-494）。

2）人間の不平等の是認

　ダーウィン主義者たちは人間一般について語っただけではなく、個々の人
間たちの間の違いについても語った。具体的には、人間は本質的に同じもの
だという前提を打ち砕いたのである。啓蒙主義ではその新旧を問わず、人間

たちの間の違いの原因を環境的な要因に求めていた。しかし進化論ではそれを生物学的な要因に求めている。その結果、宿命論にいっそう近づいたのである。これまでにもこのような考え方を唱えた思想はあった。ロマン主義も歴史主義も人間の個別的側面を強調したが、進化論はそれを促進することに使われた（495）。

　もう一歩踏み込んで言えば、進化論が政治的偏見を伴って悪用された世界では人間の不平等が三つの領域で認識されていた。①人種間の違い、②国民間の違い、③個人間の違いである。ダーウィン主義者たちは優秀な人種と下等な人種があると信じ、生存競争の結果、一番優れた能力を備えた人種が勝利を収めるだろうと考えていた。ここで言う「一番優れた能力を備えた人種」とは明らかにヨーロッパ人を意味していた。かくしてダーウィン主義者たちは当時の自民族中心主義的な偏見に貢献することになった（495-496）。

　ダーウィンとともに「自然淘汰による進化」を発見したウォーレスは次のように言っている。

　「ヨーロッパ人は、肉体的な性質だけでなく知的・道徳的な性質でも他より優れている。―（中略）―ヨーロッパ人は野蛮人と接触するときも、生存競争の中で野蛮人を征服し、それを犠牲にしながら数を増やすことができるだろう。」（496-497）
　Alfred Russel Wallace, "The Origin of Human Races and the Antiquity of Man Deduced from the Theory of Natural Selection", Journal of the Anthropological Society of London（1864）―John C. Greene, The Death of Adam, Iowa State University Press, Ames, Iowa, 1959, p. 318における引用。

3.4.4　社会と歴史について

　進化論は社会に対して二つの点で大きな影響を及ぼした。一つは、理想社会をもはや不変の状態だとは考えられなくなり、社会が静的なものから動的なものに変わったことである。社会について、機械論的ないし先天主義的でなく「発生論的」な考え方がされるようになり、諸制度も諸文化も、生物の

諸種と同様につねに態様を変えつつあると考える社会有機体説が浮上した。いま一つは、社会の法則として「戦い」を支持する傾向を生み出したことである（478）。闘争が社会進歩の主たる道具であるという思想を支援したのである（508）。イギリスの科学者カール・ピアソンは進化論から、諸国民も他の生命体と同様に進化の法則に従う有機体だ、だから存続と進歩のために〈連続的な闘争〉をせざるを得ないという解釈を引き出し、次のように言っている。

「〈闘争〉こそが〈世界の歴史全体を通じて人類の進歩の源泉だった。より優れた人種が生き残るということはひどく陰惨にも見えるが、そのことによって進歩がもたらされるから、生存競争にも救いがある〉」

(Karl Pearson, National Life from the Standpoint of Science, Adam & Charles Black, London, 1901, pp. 34, 41., 訳本516)。

3.5　世紀末思想とその影響

3.5.1　「世紀末」の意味と思想的特徴

　この語は、たいていの場合、1880〜1890年代の「退廃」を指すが、実際にはもっと広い意味も持っていた。それは19世紀末ごろに形をなし始めていた「新しい思想の世界」を示すものである。重要なことは、1900年前後に、この思想の世界が新啓蒙主義思想や進化論思想に取って代わったのではなく、新しい思想の底流にも啓蒙主義的な態様が20世紀に入るまで継続していたことである。実証主義の運動も健在であったし、多くの社会科学者が科学あるいは理性によって進歩を達成できると確信していた。科学と人間自身との力によって可能となった外的な自然の支配を基礎とする「人間による支配」が待望されていた。これは人間の精神が新しい進化の段階に達し、それによって未来が理性の支配下に置かれたという意味でもあった（517-519）。人間が自らの力に大きな自信を持った時代であったと言えよう。科学の役割も変わり始めていた。現実の正確な表現よりも、むしろ実際的な結果を重視する、どちらかと言えば道具主義的な機能が重視されるようになっていた。科学の

本質的な目的が、様々なものへの人間の影響力を拡大すること、言い換えれば実際的な有用性と考えられるようになっていた（522-526）。

　しかしこのようなものの見方は深刻な論争にさらされてもいた。実証主義への反逆も見られたし、中産階級的な合理主義と因習性全体に対する反逆も見られた。実証主義への反逆とは、科学崇拝に対する反動、科学の描いた世界像（生命と精神を軽視するもの）への反逆であった。また、決定論すなわち科学的方法によって導かれた法則の支配が強調されれば自由が阻害されると人びとは考えた。特に1880年代と1890年代の20年間は、さまよい続ける悲観的な人たちで満ちみちていた（520-523）。この時代は何よりも方向感覚を喪失した不確かな時代であった。

3.5.2　主要考察対象への影響
1）自然観について
　実証主義に対する反発は自然観に影響を及ぼしたようだ。科学のもっていた自然概念、つまり機械論的だと思われていた自然概念が攻撃された。唯心論的な哲学者達はみな自然が本質的に偶然的・自発的・創造的である点を強調していた。そのため自然に関しても実証主義的な宇宙とは非常に異なる新しい種類の不確かな自然、すなわち機械論的でない自然が主張された。これは決定論と還元主義に対する一撃でもあると言えよう（529-530）。
2）人間観について
　人間に関してもその非合理的側面への関心が高まり、人間の非合理性や無意識の自我が探求された。そのため人間性は以前ほど合理的には見えなくなっていた。また知識も以前より主観的で把握しがたくみえるようになっていた。ニーチェも科学的・機械論的人間観に反発し、人間には自分自身と世界を作り替える力があると言った。そして歴史感覚、時間感覚の欠如が全ての哲学者の根源的誤りであると指摘し、人間を永遠に変わらぬ真実であり、万物の確かな尺度であると考えるのは誤りであると主張した（532-536）。
3）社会観について
　この時期は前世紀からの産業革命とその後の産業発展の成果すなわち科学

技術とその成果が社会全体に華やかに現れていた時期である。しかし同時に、人々はそのような成果が将来に亘って拡大しそうな状況に不安を感じた時期でもあった。いわゆるニヒリズムの蔓延である。反実証主義者たちが攻撃目標としたのは機械論的発想による「法則の支配の強化」であり、これが人間を初めとする生命を物理的範疇に還元してしまうことを懸念したのである（527）。

4）歴史観について

　歴史は以前ほど予測や理解のしやすいものには見えなくなり始めていた。19世紀末期の歴史思想と社会思想とに起きた主要な変化は次のような考え方である。①歴史は自由なものであり、予め決定されているものではない。②歴史は科学的な歴史家達には思いもよらぬほど人間の意志の結果として生じるものだ（550）。「進歩」は自動的でも確実でもないことが、ますます多くの人たちの目に明らかになりつつあった（561）。そして急速な経済的・社会的変化の中でヨーロッパは「無規制状態」、つまり規範の無い状態に苦しんでいた。個人は規律を失い、人生に方向と意味とを見いだせなくなっていたのである（554）。

4. 20世紀（1950年まで）の思想：「生成」の勝利

4.1　比類なき思想革命

　20世紀の前半は、特に1914年以降は、ヨーロッパ思想の中に他に比類を見ないほどの革命が起きた時期である。17世紀の「科学革命」も、古代世界を変容させた「キリスト教革命」も大規模なものだった。しかし20世紀前半の革命ほど徹底したものはなかった。「近代」によって作り上げられた「偶像」を比較的短期間でほとんど全て破壊してしまったのだ。言い換えれば一つの「近代性」がもう一つの「近代性（現代性）」に道を譲ったのだ。17世紀からの古い「近代性」は二つの啓蒙主義を生み出し、世界観に深甚な変化をもたらしたが、やはり「存在」の重要な砦には手をつけなかった。しかし新しい「近代性」はついに「存在」を捨て去り、人々から目印を奪い去り、「生成」

の果てしない大海に彼らを投げ出した（564）。

　19世紀の末には、退廃的な意味でも創造的な意味でも、「生成」はすでに思考の主要な範疇になっていた（566）。そして20世紀前半の現代ヨーロッパ人にとって、人生の中にはもう恒久的なものは何もなくなるのではないかと思われた（580）。「存在」が重要な地位を占めていた時代には人間の発想も「空間思考」が中心であった。しかし19世紀半ばに進化論によって時間的思考が明確に打ち出されて以降、特に20世紀に入るとついに「時間思考」に新たな重要性が与えられた。「生成」の勝利である（565-566）。

4.2　主要な考察対象に見られる変化

4.2.1　神について

　20世紀になって世界中が「神からの大離反」を起こした。そして世俗主義が「確かな完結に至った」（ボーンヘファ）。この世俗主義にはさらに二種類のタイプがあった。第一の世俗主義は宗教的な諸問題にすっかり関心を失っており、それらの問題を無意味だと考えたのみならず、それらの問題に返答する価値さえないと考えて「黙して」いた。このタイプの「世俗的な人間」の例としては無神論的な実存主義者たちを挙げることができる。彼らは「神は死んだ」という前提から議論を始めた。たとえばサルトルは神の存在に基づいてではなく、人間の存在に基づいて自分の哲学を構築しようとした。彼は「かつて人間は神の言葉が聞こえると信じていたが、いまではそのことを信じられなくなった」と考えていた（613-616）。第二の世俗主義は宗教的な諸問題に人間が肯定的に答えられないことに苦悩し、宇宙の中で居場所を喪失した感じを抱いていた。第一のタイプが「本物の世俗主義」と言われるのに対し、第二のタイプは「絶望を特徴とする世俗主義」と言われる。カフカやカミュがこちらのタイプに属する（616-617）。

　このような世俗主義が生じた原因としては次のようなことが考えられる。第一に、アウシュヴィッツの虐殺などの悲惨な戦争体験である。第二に、宗教が科学的な世界観を取り込めなかったばかりか、その中に満足に入り込むこともできなかったことである。第三には、フロイトの精神分析学が宗教を

幻想として説明し、宗教に未来はないと言ったことである。第四には、そしてこれが最も強力な原因と考えられるが、歴史主義が挙げられる。歴史主義は法も倫理も宗教も芸術も、すべてが絶え間ない流転の状態にあることを示したからである。絶対的な真理への信仰を基盤とする宗教がこのような思想状況の中で生き延びることは困難であろう（617-619）。

　ところが、このような新しい思想状況の中でも、人間が神についてどのように語るべきかという活発な議論は行われていた。そこにはカソリック系からプロテスタント系のものまでいくつかのタイプがあった（619）。そしてついに1940年代頃、世俗的な時代の中で、そもそも「神」について語ることができるのか否かを論じるような最も急進的な神学が出現した。これを促進したのがディートリッヒ・ボーンヘファである。かつての「全能の介入者としての神」はすでに死んでしまった。そして第一次大戦中や戦後に論じられた弱々しくて無力な「苦しむ神」がボーンヘファの新しい世俗的な神学の出発点となった。それはこれまでの全ての神学と根本的に袂を分かち、形而上学的な視力が薄れ、神学を人間とその世界とに関する経験的発言に限定することによっていかなる超越者も放棄した（634-636）。

4.2.2　自然について

　20世紀の初頭には物理学の分野にも革命が起こった。マックス・プランクの「量子論」、アルベルト・アインシュタインによる「特殊相対性理論」（1905）と「一般相対性理論」（1916）によって自然観は全く新しい時代に突入した。この革命が発生する前のニュートンの理論体系では、個々の物質は絶対的な空間と絶対的な時間の中を動くとされていた。そこでは、過去・現在・未来が抵抗不可能な諸原因と諸結果の連鎖としてまとまっていた。これは徹底した決定論の世界であり、「生成」よりも「存在」を特徴としていた。しかし、アインシュタインの論文以降は絶対的な不動の空間や絶対的な時間について語るのは意味をなさなくなった。物質とは何かを説明するのも難しくなった。自然の存在論的な側面に関する問題が無意味なものと考えられることになる。自然についての「真理」も「本質」も「意味」も無意味な問い

の一つとなった（637-649）。

　伝統的に「外的・客観的な世界」だと思われていた対象に関する実験が人間の精神や人間の使う装置に依存することがより顕著になってきた。となれば人間の精神は、その選択力により、自然の諸過程を、おおむね精神自らが選んだ様式を特徴とするような法則の枠組みの中にはめ込んでしまう（エディングトン）。主観的観念論の方向にかなり進んだ見解である。ヤスパースによれば、西洋文化の中で科学に対する態度全体が変化しつつあった。ホワイトヘッドによれば、20世紀の前の3世紀の間支配的であった科学的唯物論の理論体系は明らかに解体した。ただ現実には唯物論はマルクス主義者達の間では生き続けていたし、レーニンも自然は精神の外に人間の知覚から独立して存在していると考えていた（649-656）。

　しかしヨーロッパ全体での思想の潮流はそうではなかった。ホワイトヘッドによれば、1925年までに自然についての思索は観念論の方向に転じた。より詳しく言えば、科学者達が物質・時間・決定論に関する概念を変え、これに伴って自然はもはや機械ではなく、精神か、有機体か、さもなくば精神と物質の基底にある中間的なものと考えられるようになった。観念論に向かう傾向である（656-657）。新しい物理学によって、科学はより人間的なもののように捉えられることになり、自然は固定的な「存在」よりもむしろ「生成」という性質を多く備えているように見られることになったのである（662-663）。

4.2.3　人間について

　第一次世界大戦はヨーロッパの人々にとてつもない衝撃を与えた。「理性的な人間」という幻想ははぎ取られ、人間に関する信念、すなわち自己の価値と「世界の合理的秩序」とへの信念も打ち砕かれた。科学への信頼、人間が理性的であることへの信頼、そして人類が向上するという信頼も失われ、神と人間との関係まで見直されることになる（570）。人々は強度の喪失感におそわれた。超越的なもの、恒久的なものが信じられない不条理、自分は存在していないかもしれないという不安、宇宙の中でよそ者になったのではな

いかという疎外感などである。あらゆるものは連続的な変化の中にあるという思想が勝利し、生成の概念が基本思想となったのである（579-581）。

　上記のような状況の中で人間が自分自身を問題視するようになる。より具体的には三つの側面から捉えることができる。①認識論的な絶望、②人間性に関しての相対主義、③自己卑下である（587）。①は、「人間」が何者であるかを知ることについての絶望、という意味である。これは、たとえば、「わたしは、わたしについて何も知らない」（ベケット）、「一つの自己を形成することの難しさ」（ベルクソン）、「ひとびとは、自己も他者も理解することはない」（プルースト）などの表現に見られる（587-588）。②は自我の存在は否定しないが、人間の個性を歴史的・文化的な条件付けの結果だとみなす。したがってこの見方によれば固定的な人間性というものはない。こういう相対主義的人間学を促進したのは主に行動主義心理学者と行動科学者、文化人類学者、そしてフロイト左派の人たちである。彼らは社会的な決定要因を強調した（589-590）。たとえばエーリッヒ・フロムによれば、人間の本性も情念も不安も文化の産物である（592）。フロイトによれば、コペルニクスは人間が宇宙の中心に位置しているという宇宙的な幻想を打ち砕いた。ダーウィンは人間が本質的に動物とは異なり動物よりも優れているという生物学的な幻想を打ち砕いた。そして精神分析学者達は、自我（＝理性）は意思と精神の全機能を指揮するものではないとした（596）。

　③の自己卑下は、人間が何者であるかわからないということよりも、むしろ人間の有様が気に入らないか、または人間の有様を悪し様に言うことである。より具体的には、人間は無力で、野獣同然で、積極的な悪だから取るに足らぬものだと考え、自分自身と自分の将来をくだらぬものと思ったのである。20世紀前半の文学は人間に対するこういう種類の批評に満ちている（594）。しかし文学や美術の中には「新しい自己卑下」とも言うべき傾向も出てくる。それは悪の行い手としての人間像よりも、犠牲者としての人間像、すなわち取るに足らない、無力で、堂々としたところのないよけい者であることを強調した（602）。

　しかし1930年代頃になると、新たで前向きな人間像も主張されるようにな

る。新フロイト学者、実存主義的な心理学者、性格心理学者などは、生物学的な決定論などに対抗して、「自我」を強化するか、またはそれを乗り越えようとした。マルローは運命に反逆する人間の力と影響を強調した。実存主義者は、人間には自己を定義する自由があることを強調した。言い換えれば、人間は静的概念ではなく動的な存在であり、潜在力を持つ「生成」である。ここで言う「存在」するとは過去によって完全に縛られるのではなく、自ら「未来を指し示す」ことを意味する（609）。実存主義的心理学派の創設者の一人であるビンズヴァンガーによれば、人間の創造性が強調されており、人間には「本当の変身」が可能なのである。また、オルテガ・イ・ガセーによれば、人間は本性を持っていない。人間はすでに存在しているものではなく、無限に可塑的な実体であり、自由を持ち、自分がどのようになるかを自ら決定することができるのだ。その意味でフロイトの言う人間はまだ「受動的性格」を残しており、真の意味での変化概念を許していなかった（610-611）。

4.2.4　社会について
1）伝統的政治哲学の状況

　20世紀の政治思想・社会思想については、一見矛盾するような二つの傾向が見られた。一つは学問的な政治理論の低下である。これは自由主義的な民主政治の衰退を反映していた。いま一つは現場の党派性ないしイデオロギー性の濃い政治論議に関しては活発であったことである（664）。これらの動向をもう少し詳しく見てみよう。

　伝統的な政治哲学では政治に対する理性的・倫理的な統御が主たるテーマとして論じられてきた。そのスタンスとしては、合理的な言い回しで定められた規則に則って政治の諸問題を論じたばかりでなく、理性は正しい答えを出せるはずだし、おそらく正しい答えを出すだろうと期待されてきた（665-667）。

　しかし20世紀に入るとさまざまな恐ろしい出来事が発生し、新しいものの考え方が生まれてきた。その結果、伝統的な政治哲学に修正を迫るような新

しいアプローチが現れてきた。マックス・ヴェーバーは「価値」の排除と合理化（＝現象を計算によって支配することができるという発想）をベースとする新しい社会科学によって、社会の諸問題に合理的な解決を見つけうる科学を目指した。カール・マンハイムなどが提唱した知識社会学は政治理論を歴史化することにより政治理論の妥当性を制限することになった。また、論理実証主義者は従来の政治理論は形而上学だと批判した。このような動向の中で伝統的な政治思想はいささか時代遅れになった感もあったが、政治思想は死に瀕していたわけではない。当時も政治と社会に関する新たな発展が見られた（664-667）。

2）政治論議における新しい動向＝理性の否定

　伝統的政治哲学は沈滞したり、修正を迫られたりしていたが、政治イデオロギーの面では活発な動きが生じていた。その性格は非合理主義の応用であり、また理性の否定であった。それは第一に、学究的な理論家による非論理的な行動として現れた。たとえばイタリアのヴィルフレード・パレートは形而上学や価値観を伴わない、論理的・実験的社会学を提唱し、社会行動における理性の限界を明らかにした（667-668）。第二には、ファシズムや共産主義の台頭となって現れた。ファシストは直感と神話に訴えることを強調し、あからさまに非合理主義をとなえた。共産主義者は大衆から批判的理性を奪い暴力を容認した（667、677）。これら両者の主張は19世紀の政治思想と20世紀の政治思想を隔てる大きな溝となり、政治思想、政治の論じ方にとって最大の危険要因となった（670）。ただ、このような状況の中にあって、少なくともある程度は公に認められるような思想もあった。ドイツのアルフレート・ローゼンベルクの思想である。彼は目標とするドイツ社会として有機体的な社会を想定していた（679）。また「論理的に理解可能な不変の〈存在〉を仮定するような数学的図式論は、自己を形成してゆく〈生成〉を捉える妨げになる」とも言っている（681）。

3）自由主義的政治哲学の復活

　前に述べたとおり、第一次大戦直後から大恐慌後までは、自由主義的政治哲学は共産主義者などに嘲笑され、いわば逆境の時代にあった。ハロルド・

ラスキ、T. S. エリオット、そしてヘルベルト・マルクーゼまで自由主義を何らかの理由で非難した（682）。しかし全体主義との争いが激烈になるにつれて自由主義への弁護も強化されていった。なかでも自由主義支援の主力となったのは、少なくともある程度の「積極的自由」つまり国家による介入を提唱した人たちであった。たとえばその一人がジョン・メイナード・ケインズである。彼は政府の「誘い水的経済政策」が不況からの解放を助けることを示した。カトリックの哲学者であるジャック・マリタンは民主主義とキリスト教が両立可能であることを示した。そしてウィーンの哲学者であるカール・ポッパーは国家による大規模な計画には反対しながらも、「開かれた社会」つまり自由な社会の中で少しずつ社会改革を行うことを提唱した（683）。

　またカール・ポッパーは科学的方法の観点からも自由主義を弁護し、それを妨害したものを非難した。たとえばマルクス主義者は「歴史主義」であるとの理由で非難し、ファシストは理性の使用を放棄したとの理由でこれを攻撃した。またカール・マンハイム学派の社会科学者は「全体論的」な社会構築を提唱したとの理由で攻撃した。三者に共通しているのは科学に対する誤った概念に基づく知的な傲慢さである。ポッパーによると、彼らは科学について誤った概念を抱いていたために歴史の法則を発見したと思い込み、歴史的事象の進路を予言したり、あらゆる社会に当てはまる計画を立てたりできると思い込んでいた。しかし科学にそういう壮大な知識を承認させることはできない。あらゆる科学的な知識はしょせん仮説的・試験的なものであり、試行錯誤による排除をへながら成長してゆくに過ぎないのだ（685）。彼は科学によって導かれた〈真理〉も常に成長を続けており、政治思想・社会思想と同様に科学思想でも「生成」が起こると考えていた（688）。

　最後に、20世紀の社会思想として「ヨーロッパ経済共同体」（現在の EU の前身）について付言しておこう。これは社会を組織し直そうとした20世紀のヨーロッパ思想のなかで最も重要なものと言えるかもしれない。これをリードしたのはジャン・モネであるが、彼はヨーロッパ諸国が主権の一部を融合してでもヨーロッパに共通する利益を追求することの重要性を強調したのである。すなわち民主的で自由な「開かれた社会」をヨーロッパ全体を基

盤として論じたのである（689-690）。

4.2.5　歴史について
1）歴史主義の台頭
　R．W．コリングウッドによれば、ヨーロッパにおける歴史思想は20世紀に方法論的に成熟した。そして諸科学の中で女王の地位までも獲得した。ダーウィン以後に自然が歴史化され、その後、神学までも歴史化されたが、コリングウッドは哲学までも歴史化したのである。彼は、哲学が永遠に変わることのない観念と問題を扱っているという幻想を捨てて、あらゆる形而上学的な問題は歴史的な問題だと言った。つまり形而上学的問題も、ある時、ある状況の中で出される「絶対的前提」に他ならず、世紀が移るにつれて変化すると論じた（691-692）。

　またテヤールとハックスレーによれば、世界は巨大な〈生成〉の過程であって、常により高次の存在と組織とを達成し続けている。この歴史主義の立場から、彼らは歴史は本当に客観的なのか、思想や偏見に左右されずに過去を解釈できるのかという疑問を抱いた。19世紀に実証主義者が主張したことへの疑問である。このような歴史認識についての論争は、新観念論と実証主義との間の論争であったと言うことができよう（697-699）。

2）歴史認識の危機とヨーロッパの苦悩
　その後、第一次世界大戦という悲惨な経験を経て、歴史認識についての疑問、並びに歴史の意味についても疑問が投げかけられるようになった。なぜなら歴史主義は、あらゆる永遠の真理を動揺させたからである。その結果、反歴史主義や歴史循環論の復活が見られた。さらにヨーロッパ自体が歴史の中心にいるのではないし、文化の衰退に伴う激痛を感じつつあるという悲観的理解まで生まれた。ヨーロッパの苦悩である（700-702）。ユングによれば、その原因はヨーロッパにおいて「神という原型」およびその伝統的な宗教的象徴が死滅してしまったことにある。またオルテガ・イ・ガセーによれば、19世紀の自由主義革命と産業革命とによって生み出された20世紀前半のヨーロッパは、これまでの歴史の中で、過去の何ものも基準として認めなく

なった最初の時代であった（712-713）。

3）未来についての希望とその実現方法

　苦悩の末にヨーロッパは未来の展望を語るようになった。ヤスパースによれば、一人ひとりの「自覚的な意思」が人間の真の〈存在〉を発見することを通じて何かが可能になり文明は再建される。社会科学は人間を対象ないし結果とみなし、諸制度を通じて人間を変えようとするが、それは間違いである。文明が想像力を発揮するためには、〈生成〉が何らかの形で〈存在〉と結びつけられなければならない。ヨーロッパの人達は自分たちには自由と知的伝統があることに気がついた。そして知的指導力があるという自信をもった。その結果、創造的な想像力に火がつき、知的な火花を散らし続けることになる。そして本書の著者バウマーは言う、知的な創造力が最高度に発揮されるためには〈生成〉と〈存在〉との間に健全な混合ないし緊張がなければならない（720-722）。

小　括

　本章で捉えたことを確認しておこう。下記のとおりである。

① 　一つの思想は、まるでそれが思考だけの所産であるかのように、決して抽象的に考察されるべきではない。あらゆる思想は特定の環境から出て来たものである。言い換えれば、あらゆる思想は歴史的次元をもっているのであり、その次元はその思想が存在するに至った経緯のみならず、その本質をも明らかにするヒントになる。したがってその歴史的次元の中に入ることによって、過去の思想が私たちにとっても生命をもったものになる。

② 　ヨーロッパにおいては、17世紀以降、超自然的、形而上学的な思想による支配から逃れようとしてきた歴史がある。それは、本書の分析基準で言えば、静的・絶対的な「存在」思想に対する、動的な「生成」思想による挑戦であった。そして「生成」思想が「存在」思想を凌駕していく歴史であった。この歴史は中世の神学的思想に対する、近代的・科学的思想の挑戦の歴史でもあると言えよう。つまり、神を追放し、神を死に至らしめる過程でもあったということである。

③　神を死に至らしめる歴史は、逆の面から見れば人間理性の伸長・拡大の歴史でもあったと言えよう。近代科学の誕生と発展はその中核であろう。科学的方法は自然に対する巨大な支配力を獲得し、めざましい近代文明をもたらした。しかし弊害ももたらした。一般的・普遍的真理を追究する思想の形成と、それへの反逆としてのロマン主義や反実証主義思想の台頭は、科学的方法およびそれをベースとする啓蒙思想の狭さに異議を唱えたものであったと言えよう。

④　20世紀に入るとヨーロッパの近代性は、ついに「存在」を捨て去り、「生成」が思考の主流となる。言い換えれば、「空間思考」に代わって「時間思考」が重要になった。神と自然に関する従来の真理は覆され、人間は自信を失った。社会認識にも歴史認識にも「生成」の発想が取り入れられた。その結果、ヨーロッパ人にとって、もはや恒久的なものは無くなってしまった。この不安な状況から脱し、ヨーロッパ文明が生き残るためには、あらゆるものをまとめる新しい中心が不可欠である。それは本章で参考にした研究の著者バウマーによれば、「生成」と「存在」の結合に他ならない。

　本書の主張を経営学に引き寄せてみると、次のようなことが考えられる。たとえば、マズローの五段階説で「欲求」がキーワードにされる理由が筆者には分かりにくかったが、その根源的発想は、全ての存在を人間の主観、意欲、欲求などの結果として捉える観念論にあるのかもしれない。また、米国において、キリスト教がなぜこれほど強大な影響力をもつのかということも筆者には分かりにくいが、それは本書の著者が結論部分で述べている「存在」の意義に通じるものかもしれない。さらに、米国を理解するための思想の一つとされるプラグマティズムや自由思想も、ヨーロッパの近現代思想から解きほぐせば、その意義がより良く理解できるかもしれない。組織本質観においても、それが個性的な人間の結合体としてよりも、むしろ普遍的な職務遂行機能の結合体とみなされる傾向が強いのも、啓蒙主義的な人間観に由来するのかもしれない。今後の課題としたい。

参考資料

＜キーワード＞

存在（Being）　　　　　　　　　　　　決定論（Determinism）

生成（Becoming）　　　　　　　　　　実証主義（Positivism）

静的な実体（Static Entities）　　　　歴史主義（Historicism）

形而上学（Metaphysics）　　　　　　進化（Evolution）

超自然主義（Supernaturalism）　　　不可知論（Agnosticism）

信仰と理性（Faith and Reason）　　唯心論（Spiritualism）

観念論（Idealism）　　　　　　　　　唯物論（Materialism）

合理主義（Rationalism）　　　　　　還元主義（Reductionism）

経験主義（Empiricism）　　　　　　機械論（Mechanism）

二実体論（Two-Substance Theory）　絶対主義（Absolutism）

二元論（Dualism）　　　　　　　　　功利主義（Utilitarianism）

有神論と無神論（Theism and Atheism）　実存主義（Existentialism）

目的論＝目的原因論（Finalism）　　道具主義（Instrumentalism）

啓蒙主義（Enlightenment）

第3章　米国建国期思想の形成とその特徴

導　入

　本章では米国建国期の思想の特徴を明らかにすることを目標としている。建国期の思想の基本構造は、土台としてヨーロッパ近代思想を継承しながら、これの上に米国独自の思想を付加することによって形成されたと言えよう。それらは当時の諸状況が生み出した結果ではあるが、以後、今日に至るまで連綿と引き継がれ、米国社会の形成に少なからぬ影響を及ぼし続けている。そのため今日の米国における経営行動の特異性を捉えるためにも、その特徴を捉えておくことには大きな意義があるものと考える。

　本章では独立前史とも言うべき内容すなわち英国から今日の米国東海岸に入植が行われ始めた動機から考察を始めている。なぜなら、アメリカ大陸への入植と植民地の独立を理解するためには、当時のヨーロッパ諸国による植民地建設競争や英国における国内事情、特に宗教に関する事情を理解しておくことが肝要と考えるからだ。これが「1.」である。

　「2.」では植民地の心がイギリスから離れていく過程が考察されている。およそ18世紀半ばまでイギリス国王に対して忠誠心を抱いていた植民地の人たちから急速に忠誠心が消え、やがて憎悪の念が高まって、ついに独立革命が始まり、独立宣言が出されるまでの植民地の人たちの思想である。

　「3.」では、独立革命期の思想と独立宣言の趣旨が考察されている。まず独立期の思想に大きな影響を与えたとされるJ.ロックの思想を中心とする17〜18世紀のヨーロッパ思想が確認され、続いて独立宣言の構成と趣旨が分析されている。政府との関係から見た個人の自由や平等の概念が重要なポイントである。しかも自由や平等を巡る権利の根拠がキリスト教の神に求められていることが米国思想の特徴の一つと言えよう。独立宣言で主張されている平等の概念については、巷間では正確な理解がなされていないケースが多いので注意が必要であろう。最後には、独立革命後期の思想が分析されてい

る。連邦の権限重視派と各州の権限重視派の論争は連邦憲法作成が協議された この時期から始まっている問題であったことが分かる。ちなみに、13の州 による合衆国の成立がイギリス政府によって承認されたのは独立宣言が出さ れた1776年ではないことも付言しておく。

1. アメリカ大陸への入植動機

1.1 イギリス植民地の形成

1.1.1 ヨーロッパ主要国の海外展開

　15世紀末からヨーロッパ諸国によるアメリカ大陸の探検および植民地化が 行われたことは周知のとおりである。初期にこの活動を行ったのがスペイン とポルトガルであった。その後イギリス、フランス、ドイツその他の諸国も 植民地争奪戦に加わった。初期のアメリカ大陸への入植はそれぞれの国王の 植民地建設政策として行われたようだ。

　現在の米国を中心とする地域に対象を絞れば、イギリスは1588年にスペイ ンの無敵艦隊を撃破して以降アメリカ大陸進出を本格化させた。ジェームズ 1世（1603-25）の時代にヴァージニアへの探検を開始し、ジェームズタウ ンの建設（1607年～）およびヴァージニア植民地の経営を開始している。ち なみに、ジェームズタウンはイギリス最初の恒久的北米植民地となる。それ に続いて、半ば神話化されてはいるが、信仰の自由を求めるプロテスタント 達によるプリマス入植（1620年）をはじめ、現在の米国東部地域への入植が 急速に拡大している[1]。

1.1.2 入植、植民地建設の仕組み

　野村達朗によれば、イギリスの植民地事業は1607年から本格化するが、初 期のものはもっぱら地主・ジェントルマンの出資によって私的に営まれ、後 に国王がこれに特許状を発してお墨付きを与え、さらに直轄化するパターン で進行した。13植民地もこうして建設されたようだ。これを成立基盤・統治 形態によって分類すると次の三つに大別できる。一つ目は社会契約に基づく

もので、本国政府とは無関係な入植である。このタイプでは後に特許状を
与えられるか、あるいは他の植民地に併合されて17世紀末には姿を消してい
る。ちなみにメイフラワー号のピルグリム・ファーザーズが入植したプリマ
スもこのタイプであった。二つ目は最初から国王の特許状を得て行われるも
のである。このタイプは特許状が付与される対象によってさらに二とおりに
分けられる。社団に与えられる場合が自治植民地で、個人に与えられるも
のが領主植民地と呼ばれる。三つ目が国王・本国政府の直轄下に置かれる
王領植民地であるが、これは他の植民地を王領化することによって建設され
た[2]。

　植民地建設が推進された当時は政治的には絶対王政の時代であるから、そ
の活動は国王から特許（Charter）を受けて実行されるのが基本原則であっ
たようだ。ただ特許は容易に得られるものではないので、特許をもつ主催
者達の周囲には一攫千金を目的とする資本家達や、実際に現地に移民として
渡って植民地建設活動に携わろうとする者たちが数多く集まって入植組織が
形成されたようだ。彼らは国王から直接入植許可を受けることなどは不可能
だから、特許をもつ植民地会社や個人から言わば二次的な許可（Patent）を
得て入植した。ちなみに、Charterは入植者が自ら統治することを認めるも
ので、Patentは統治権は持たないが土地の所有を許可するものであったよう
だ[3]。

　イギリスによる初期の植民地建設は下記のように進められている[4]。

　1607年、英国初の恒久的北米植民地となるジェームズタウンの建設開始。

　1619年、黒人奴隷がヴァージニアに輸入される。

　1620年、ピルグリム・ファーザーズによるプリマス植民地建設開始。

　1733年、ジョージア植民地建設。この時点で13植民地が成立。

1.2　信仰の自由の希求

1.2.1　イギリスにおける宗教事情：国教会の成立

　イギリスでは、16世紀前半にヘンリー8世（1509-1547）がローマ教会か
ら分離独立することを意図した宗教改革を始めた。その後この改革はエド

ワード 6 世（1547-1553）とエリザベス 1 世（1558-1603）によって継承され、独自の教会制度が作られた。これがイギリス国教会である。組織としてはイギリス国王が教会首長となり、教義はカルヴァン主義に近いものであった。しかしカトリックの儀式も一部残されていたようだ。国教会の成立によってイギリス国内では国教徒、プロテスタント、カトリック信者の三者が相対峙する状況が生まれていた。

1.2.2 プロテスタントに対する迫害

　エリザベス 1 世の前の国王であるメアリー 1 世が1553年に即位すると、カトリック信者であった彼女はプロテスタントに対して迫害を行った。そのためプロテスタントの中心的指導者はこの迫害を避けるためカルヴァン派の本拠地であるジュネーヴに逃れ、その地でカルヴァン神学から大きな影響を受けた。エリザベス 1 世の時代には宗教的には中道的な政策がとられたため彼らはジュネーヴから帰国し、カルヴァン思想がイギリスに伝えられることになる。

1.2.3 ピューリタニズムの誕生

　エリザベス 1 世時代に、イギリス国教会内部では宗教改革をさらに徹底することを目的とする運動が起こった。カルヴァン派の影響を受けたプロテスタントの一派によって起こされたもので、国教会の浄化を目指した運動である。教義としては、聖書主義（福音主義）の立場に立つもので、禁欲や勤勉を説いた。禁欲的に世俗の職業に従事することが神から与えられたこの地上における使命（天職 Calling）を果たすことであり、救いを確信することになると主張した。ピューリタニズムである。

1.2.4 ピューリタンへの迫害とイギリス脱出への胎動

　エリザベス 1 世の死後、ジェームズ 1 世はイギリス国教会の立場からカトリックとピューリタンを迫害した。またその後王位を継承したチャールズ 1 世もピューリタン弾圧を強化し、議会との対立も深刻化する。1628年に議会

は「権利の請願」を提出し、王党派と議会派の対立は激化していった。そしてピューリタン革命へとつながっていくことは周知のとおりである。

　その後、ピューリタンへの迫害によって彼らはその信仰をイギリス国内で継続することが困難になり、信仰の自由を求めてイギリスからの脱出を決意する者も増大していった。アメリカ大陸への移民の先駆けとして象徴のように語られる「ピルグリム」と呼ばれる人達もまずはオランダに逃れ（1608）、その後（1620）にアメリカ行きを決断したというのがプリマス入植までの実際の経過のようだ[5]。

1.3　考察

　15世紀終盤からヨーロッパの有力国による海外展開が始まり、その後アメリカ大陸における植民地建設競争が激しくなる。後発のイギリスも17世紀には建設に着手した。

　16世紀後半頃から、ヨーロッパでは近代と呼ばれる時代の胎動が始まっていた。ひとびとは恐る恐るながらも己の能力に対する自信を強め、新たな行動を始めつつあった。このような変化の中で、絶対王政のくびきから脱して経済的・社会的自由を求める気運が昂揚したことは必然であったとも考えられる。

　アメリカ合衆国建国につながる移民、入植はその動機の面から見れば主として経済的自由の獲得と信仰の自由の獲得を目的とするものであったと考えることができよう。実行主体の面から見れば、前者に関しては、国王の下で経済活動を行う特許商人、特許商人の活動に加わって一攫千金を夢見る富裕層、そして実行部隊としての労働者などであったようだ。また信仰の自由を求めた者としては、イギリスからはピューリタンを初めとするプロテスタントが先鞭をつけることになったようだ。

　移民動機について筆者が思うに、人びとをして移民となることを決意させる背景には相当の経済的困窮と不自由があったに違いない。移民となればそれまで築き上げてきた人間関係も経済的基盤も全て放棄しなければならない。しかも成功する保証もない。にもかかわらず移民となる決断をした人た

ちにはこれらのコストや不確実性を超えるだけの経済的動機や宗教的動機が
あったはずだ。アメリカ大陸への入植はこのような状況の中で、それぞれの
「自由」を求めた人びとによって行われたものと考えられる。

2. イギリスからの離反と独立

2.1 イギリス国王に対する忠誠心と、変化の胎動[6]

　1750年当時、北アメリカに住んでいたイギリス人は政治的にはイギリス市
民であり、彼らは心情的にはイギリス本国人以上に愛国的であった。当時は
生活と文化のあらゆる面でイギリスへの依存心が強く、イギリス本国に対
して根強い忠誠心を抱いていた。折しも1756年に勃発した英仏間の七年戦
争（1756-63）は彼らの愛国心をかきたて、本国に対する彼らの忠誠心を高
めた。このように18世紀中葉の植民地の精神は圧倒的にイギリス的なもので
あった。

　しかし同時に、北アメリカ植民地の自然環境は植民地の人びとの生活様式
と思想に少なからぬ影響を及ぼした。植民地をイギリスから隔てている距離
と、新世界の新しい生活環境によって新しい生活形態は着実に育っていた。
アメリカの生活のあらゆる分野でアメリカ独特の諸要因が旧世界から移植さ
れた生活形態を侵食しつつあった。そのため植民地でも18世紀は新しい変化
の胎動期でありダイナミックな文化の萌芽期でもあった。表面上はイギリス
文化圏の延長という性格をもっていた植民地ではあるが、本国との間に緊張
を生む要素はすでに増しつつあったと言うことができよう。

2.2 忠誠心から憎悪への転換

　18世紀前半を通じて北米のイギリス植民地は成熟し、顕著な独自性を築き
つつあった。各植民地は経済力と文化水準を高め、長年にわたる自治の歴史
をもっていた。1760年には植民地全体の人口も150万人を超えていた。しか
し植民地の人たちは18世紀半ばにもなお強い愛国心も保持していた[7]。

　ところが1763年を境に植民地は母国と決別する道を歩み始める。この年は

英仏間の七年戦争が終結した年である。イギリスはこの戦争に勝利したが多
額の戦費を要した結果、財政的な窮状に陥った。そのためこの状況を打開す
るためにアメリカ大陸の植民地に課税する歳入政策が始められたのだ。上記
のとおり植民地の人たちは自治に慣れ、自由の拡大を期待していたにもかか
わらず、イギリス政府はそのことをほとんど理解していなかったようだ。課
税などのためにイギリス政府が実行した主要な法律や事件は下記のとおりで
ある。

　1764年：砂糖法、通貨法

　1765年：軍隊宿営法、印紙税法（ただしこれは翌年撤廃）

　1767年：関税を課すためのタウンゼント諸法（これは茶税を除き、1770年
　　　　　に撤廃）

　1773年：茶税に反発してボストン茶会事件が発生

　1774年：懲罰諸法（耐えがたい法律Intolerable Actsとも言われる）

　このような一連の立法と高圧的な支配は植民地の人たちにとっては不当な
ものに他ならず、耐えがたいものであった。そのため彼らからは母国に対す
る忠誠心は急速に失われ、逆に憎悪や敵意までかきたてることになった。そ
してイギリスに対して抗議する際に掲げられたのが「代表なき課税」は植民
地の自由を脅かすもので不当だという論理である。イギリス政府に対する植
民地人の認識に劇的な変化が見られた象徴的な事例を二例挙げておこう。

　第1はジョン・アダムズの例である。彼はイギリスのピューリタン倫理を
身につけた模範例とも言うべき人物であり、強いイギリス人意識を抱いてい
た。彼も少年時代にはイギリスが「親切で優しい親」だと教えられてイギリ
スに好感を抱いていた。しかし成人してみると、「アメリカの人びとはイギ
リスが残忍な醜い老婆であることに気づいた」と言う。1765年に印紙条例が
成立すると彼は激昂して「アメリカを隷属状態に置かんとする直接的な公の
計画が進行している」と告発した。そして1765年から75年に至る10年間に彼
には、煩悶しながらも「主義、主張、感情、そして愛着心―（中略）―の急
激な変化」が生じていた[8]。

第2はベンジャミン・フランクリンの例である。彼もピューリタン的中産
階級の家庭で育っている。彼はイギリスの諸制度に対する強い信頼感をもっ
ており、イギリス国旗の下でこそ自由で独立独行の生産的な生活が繁栄する
最上の、そしておそらく唯一の機会があると考えていた。しかし彼は新世界
に住んだ50年の間にすっかりアメリカ思想の主流を代表する人物になってい
た。その彼が1757年から18年間イギリスに滞在し、この間にイギリスの政治
や社会制度の現実を間近に観察した。その結果、それまでイギリスに対して
抱いていた好感や忠誠心は低下し、逆にイギリスとその支配者に幻滅感を抱
くまでになる。そしてついに印紙条例以降のイギリスからの不当な支配を経
験するに及んでからは自らの描く将来構想とアメリカ的生活様式に固執する
ようになった[9]。

2.3　独立への具体策の実行

2.3.1　植民地の結集と独立革命の開始、独立宣言の承認

1）各植民地の結集

　英仏間の七年戦争が終結するまでは、アメリカの各植民地を結合して全体
の統一意思を形成する組織は存在しなかった。しかしイギリスから各植民地
に対して茶税をはじめとする税金が課されることが明らかになった時、各植
民地には協同してこの問題に対処する必要が生じた。そこで各植民地に共通
する問題を協議するために形成されたのが「大陸会議」である。大陸会議は
独立宣言が出されるまでに二回開かれている。ただ、この会議には各植民地
を統治する法的根拠はなかった。しかし、不十分とは言え、植民地の人びと
全体の意思を表す唯一の組織であった[10]。

2）第1回大陸会議

　第1回大陸会議は1774年9月5日から10月26日まで開かれている。バージ
ニア植民地議会の提案によって開かれたもので、イギリスからの課税を受け
て、「植民地の不幸な現状について協議するため」各植民地の代表がフィラ
デルフィアに集まっている。この会議では植民地に対するイギリスの政策の
不当性と、植民地の権利が表明された。また対英不買同盟を確立するための

「大陸提携（アソシエイション）」が結成された。これを契機に軍需物資の収集および兵員の動員が開始されている。

3）独立戦争の始まりと第2回大陸会議

　第2回大陸会議は1775年5月10日に招集されている。ところが、これが開催される直前の同年4月19日、ボストン郊外のレキシントン・コンコードでイギリス軍との最初の武力衝突が発生した。これ以降イギリス軍と植民地民兵との戦いが続くことになる。アメリカ独立戦争の開始である。ただ当初は13植民地の行動はイギリスの国王や議会にはイギリス帝国内の内乱と見られていた。しかしこの認識を放置していては植民地の独立は実現できない。植民地側ではイギリス軍との戦闘を国家間戦争に転換しなければならない。言い換えれば合法的な戦闘体を創設する必要があった。そのためこの度の大陸会議は植民地間の軍事同盟の意思決定主体とならざるを得なかった。会議では対イギリス開戦が正式に可決され、後にアメリカ合衆国初代大統領となるジョージ・ワシントンを総指揮官とする植民地軍（大陸軍）が結成されている（6月14日）。さらに13の植民地が「武器を取る理由と必要性を提示する—（中略）—植民地連合の代表者達による宣言」、いわゆる「大義の宣言」も承認されている（6月6日）。このように植民地独立への意識は、この時期ますます高まりを見せていく[11]。

4）独立宣言、およびイギリスによるアメリカの独立承認

　1776年6月の初めに第2回大陸会議では下記の三つの関連した委員会がつくられている[12]。

①　独立宣言文書の作成委員会

　　独立宣言の起草委員に指名されたのが、トマス・ジェファソン、ジョン・アダムス、ベンジャミン・フランクリン、ロジャー・シャーマン、ロバート・R・リヴィングストン

②　通商と同盟についての模範となる条約起草委員会

③　連合規約作成委員会

　これらの委員会で作成されようとする各文書は、当時の国際法のもとで主権を主張しようとするものであった[13]。

独立宣言の起草に至る意識の高揚を植民地にもたらしたものとしてトーマス・ペインの出版した小冊子「コモン・センス」がある（1776年1月）。これは3ヶ月足らずの間に10万冊を売り上げ、各植民地で読まれた。その結果、これは植民地にイギリスから分離する決断を結晶化させたと言われている。イギリスからの独立は自分自身の意思で統治することを目指すものであり、真に「自由にして独立した国家」の設立を理想とするものであった[14]。

　ただ当時、植民地連合の側には大きな懸念もあった。ヨーロッパ諸国の動向である。もしも諸国によって植民地連合の行動がイギリス政府に対する反逆者の暴動とされたなら独立が実現されなくなるからだ。しかしフランスもスペインもそうはしなかった。植民地の新興国家それ自体を恐れてはいたが、それ以上にアメリカ大陸におけるイギリスの勝利とその結果として生じるイギリス権力の復活を恐れていたからだ。実際フランスが植民地連合に対して強力な軍事的支援を行ったことはよく知られているところである[15]。

　また大陸会議内でも全員が独立に賛成していたわけではない。しかしついに1776年7月2日には独立宣言文書が13植民地代表の全会一致で採択され、2日後にこれが確認されている。13植民地の連合体が国家としての独立を宣言したのである。独立宣言が出されると、その後各州では独立の気運がさらに高まり、下記のように州憲法の制定も行われた。

　1776年：ヴァージニア、ペンシルヴェニアなど8州で州憲法制定

　1777年：ニューヨーク州、ジョージア州で憲法制定

　1780年：マサチューセッツ州で憲法制定

　独立宣言は大陸会議によって考案された一連の文書の頂点であった。したがって植民地連合はこれによってブリテン帝国の構成員であることをやめて、各国と並んで立つことを意味する[16]。

　ただし、この宣言によってイギリスが植民地連合の独立を直ちに承認したわけではない。そのため植民地連合は独立を宣言した後、より強固な連合体を形成すべく行動を始め、1777年11月17日に「連合規約」を採択している。これが1781年3月1日に全植民地によって批准されたのを機に第2回大陸会議は発展的に解散され、翌3月2日からは「連合会議」に引き継がれてい

る。1783年にパリ条約が締結され、これによってイギリスはようやくアメリカの独立を承認した[17]。

2.3.2　アメリカ思想の原点形成

　アメリカにおける社会思想や政治思想の原点は独立革命期に形成されたと考えられている。植民地の人達が次第にアメリカ独自の国民性と国家目的を形成し、イギリスへの忠誠心を捨てて、イギリス人からアメリカ人になっていったのもこの時期であったようだ。他の社会とは異なり、貴族でも、僧侶でも、軍人でもない一般市民の性格がアメリカの国民性の核をなしていた。プロテスタンティズムをベースとする独立心と勤勉な風習が一般的となり、動的で開放的な思想がアメリカの特徴となっていったようだ[18]。

2.4　考察

　前に「1.」で確認したとおり、アメリカ大陸への入植は、個人の動機に着目して見れば、それぞれの立場にある人びとが新たな可能性を実現するための自由を求めて行ったものであろう。他方、政治的意向に着目してみれば、入植はイギリス植民地の建設のためであった。したがって植民地では人びとが母国に対して忠誠心と誇りを抱いていたことは何ら不思議ではない。

　しかし、巨大な大西洋を挟んだ空間的距離の遠さと時間の経過は植民地社会に大きな変化の要因を意図せずして蓄積していったようだ。植民地では植民地として一定の制約はあるものの、日常的な諸般のことは自分たちで決定し実行しなければならない。それは部分的な自治の実践であり、これも独立心の育成に貢献したようだ。組織の形成と運営の面で今に通ずる教訓を含んでいる。

　自由や自治のレベルが多少なりとも向上し、その条件での生活が継続すれば、そこには固有の価値観や目標が生まれることもまた必然であろう。さらに、このような諸条件が形成されている所に対して支配者側から不用意な対応が行われると、支配者に対する忠誠心や誇りがいとも簡単に崩れ憎悪に転じたことも示唆に富んでいる。このことは「自発性と統一性」のジレンマと

して組織管理に通ずる事例でもある。アメリカ大陸の植民地では、入植開始後、約100年余の間に独立に向けた要因が意図せずして蓄積されつつあったことは確かなようだ。

3．独立革命期の思想と独立宣言の趣旨

3．1　17～18世紀のヨーロッパの思想状況

3．1．1　パラダイム転換

　アメリカ建国に強い影響を与えたであろう17世紀から18世紀のヨーロッパの思想状況の要点を確認しておこう。周知のとおり17世紀はヨーロッパの近代が始まる時期だと言われている。確かにこの時期には新しい思想がいろいろ台頭している。たとえば宗教ではカトリックに対してプロテスタントが生まれ、古典主義に対してはバロックが、イギリス経験論に対して大陸合理論が生まれている。そしてこのような状況の中で近代科学革命と呼ばれる学問方法の飛躍も生まれて自然観や宇宙観の大転換がもたらされている[19]。

　17世紀に入ると、それまで長い間「諸学の女王」と呼ばれた神学が思想に対する支配力を失い始めた。人間は長い間、神を公理とする演繹的方法で万物を説明してきたが、これが揺らぎ始めたのである。逆にこれに替わって注目を集めたのが自然を対象とする学問である。人間が自身の思惟による観察と考察を始めたのだ。このような動向の中で、前世紀からひっそりと蓄積されてきた自然観察の成果に基づいて新たな宇宙観・自然観も提示された。機械論的宇宙観である。宇宙からは目的が追放され、自然からは精神が追放された。その結果、自然を数量的な因果関係で説明する方法が普及する。因果関係が明らかになるとこれの応用が試みられる。17世紀の終盤になると、人間はまだまだ神への畏敬の念はもちつつも、自身の力で人為的に何かを「作る」ことにますます自信を高めてくる。近代科学の方法と自己の能力・理性に対する自信とをベースにして生み出された思想の誕生である。啓蒙主義はまさにこのような性格をもつ思想だと言うことができる[20]。

　人間が科学的な方法と知識を手にし、自らの力に対する自信を高めた結

果、その後、様々な分野に変化・発展がもたらされることになる。その力の応用対象は自然以外のものにも向けられるようになる。自然の次に関心を集めたのが人間である。18世紀に入ると人間への関心は高まりを見せ、学問分野では自然科学に替わってアンソロポロジーが諸科学の新たな女王と呼ばれるようになった。個人レベルで言えば、人間の自由や独立への欲求が高まりを見せた。関心の対象はさらに広がりを見せ、ついには人間の集団としての「社会や政治」を対象とする新たな学問と思想が誕生した。アメリカの建国時の思想はこのような思想状況の影響を受けているものと考えられる[21]。

3.1.2 所有権思想の発達

　近代思想の発展と社会の変化は所有権思想の分野でも顕著な進展をもたらした。アメリカ建国期の思想に大きな影響を与えたとされているジョン・ロック（1632～1704）の思想でそれを見てみよう。彼の生きた時代の思潮をより明らかにするために、その前段階に位置するとされるホッブス（1588～1679）の思想から確認してみよう。ホッブスの主著とも言うべき『リバイアサン』（1651）によると、当時のヨーロッパはまだ自然状態である。これは人間の情念と敵意とによってひき起こされる暴力的闘争の状態である。これに対してロックの言う「自然状態」とは、神自身が世界における全ての人間をその中においた状態を意味する。そこにおいて人間がすべきは神が要求する自然法に従って生きることである[22]。

　ホッブスの言う段階では絶対王政の国家は存在するが、自由な意思をもつ、いわゆる市民による国家の形成は実現されていない。所有権ももちろん成立しておらず、人間の権利（自然権）の中核は生存権である。ホッブスがこの段階の状況を「各人の各人に対する戦争状態」と表現したことはよく知られている。ちなみにホッブスの関心は自然状態が内乱という悲惨な状態に陥ることのないような政治社会の構成を模索することにあったようだ[23]。

　この段階から少し時代が下ると、ロックの生きたイギリスにおいても大きな政治的・社会的進展が実現する。市民革命を経て自由な意思をもつ市民が台頭し、社会は「市民社会」、「政治社会」へと移行する。そして所有権も

成立する。ロックの『統治二論』（1690）によれば、それは生存権を含む広い概念で、生命（life）、自由（liberty）、財産（estate）を包含するものとされ、プロパティという語でも表現されている。これは人間が生存への欲求を自ら充足する自律性や主体性を象徴するものであり、人間の「固有権」すなわち生存を継続するための手段とされている。人間が「固有権」の主体として自律しているとすれば、政治権力の目的もその保全に向けられる。そしてプロパティの保全を目的とする政治を人間が作為すべきだとする結論が導びかれる[24]。

　参考までに、ロックに続く段階のことを若干述べておこう。18世紀に入ると所有権はもはや当然のものとなり、市民社会の自律性も高まりを見せる。いわゆるイギリス自由主義の段階である。ここではもはや「社会契約」説的国家形成論は不要となり、国家に求められる役割も大きく変化している。市民社会の自律的運動、自律的調和を阻害しないこと、そしてより積極的にはそれを助長すべきことが求められた。この段階を代表する論者としては、ヒューム（1711-76）、スミス（1723-90）、ベンタム（1748-1832）を挙げることができよう[25]。

3.1.3　ロックの出自とその思想
1）プロテスタント、ピューリタン

　大森雄太郎によれば、近年、アメリカ革命期の政治思想に関して新たな動向もあるという。イギリス本国とアメリカ植民地で形作られてきた「共和主義」と呼ばれる思想の影響を強調するものである[26]。ただ、ロックの影響力が当時圧倒的であったことも否定できないようだ。そこで本章ではひとまず、ロックの思想の中から、独立宣言の基礎となったであろうと考えられる思想を確認しておきたい。

　ロックはジェントリー階級の出身である。ヨーマンと貴族の中間に位置する裕福な地主と考えてよいであろう。宗教の面ではプロテスタントであり、家庭ではピューリタニズムに基づく教育を受けている。そのため彼の思想の最も基礎にあり出発点となるものはプロテスタンティズムであり、特に

ピューリタニズムの教えにあると考えられる。そのため人間を含めてこの世の万物は神の創造したものであるというところから出発し、諸権利の根拠が創造主にあると考えていたようだ。いわゆる自然法の発想である。そして人間は神の事業を遂行すべき義務を負うていると考えていたようだ[27]。自然法とは、人間のすべての権利がそれに依存し、人間の義務の大部分が多かれ少なかれそれから直接派生する神の拘束法である[28]。これは中世までは宇宙を貫徹する神の法、神が創造において組み込んだ神の意志を意味した。当然、人間が作る法を超えるものとされる。近代社会になると、人間の理性に対する信頼と人間自身の自信が向上したため、人間の理性に内在する普遍の法と考えられるようになる。ただこの段階でもやはり実定法を超えるものと位置づけられる。

２）議会派

17世紀のイギリスの政治においては王政を支持する王党派（トーリー）と議会による意思形成を重視する議会派（ウィッグ）の対立が顕著になっていた。ここに宗教面での対立すなわち国教会、プロテスタント、カトリックの対立が絡むことによって社会は混迷の度を高めていた。ロックの政治的な立場は基本的には議会派である。当時、王党派からはフィルマーによって国王の絶対性を主張する著作が出された。これに対して議会派からの批判として出されたのがロックの『統治二論』であった。なぜ王権の絶対性を認めてはならないのか。政治的にはそれが絶対王政の永続性を受け入れることになるからである。また宗教面からは神以外の絶対者を置くことになり、神の絶対性を曖昧なものにするからである。そして神の下での人間の平等を否定することになるからである[29]。

３）社会契約論

ロックの政治手法は社会契約論の論理に依拠して考えられている。そもそも契約論と言われる考え方は政治や社会を人の関与なしに自然に成立したと考えるのではなく、人間同士の契約によって人為的に作られたものとする考え方である。これは人間が自己の能力に自信をもつに至った17〜18世紀のヨーロッパで展開された新たな社会理論である。

契約が成立するためには、まず自由で自律意識を持つ個人が存在しなければならない。当時はまだ神の力・神への畏怖が人びとの思考を相当に拘束していたのであるが、他方で、神の意志からの人間の自律が相当に進んだ段階に来ていたものと言えよう。このような段階に達した人間は個人同士の契約によって社会を改良し、国家を形成するとロックは考えている。

４）所有権と神への義務

　まず所有権の概念を確認しておこう。所有権に関しては次のように考えられている。全ての人間には神から与えられたプロパティがある。これは各人に生来帰属している固有のもの、具体的には生命、健康、自由や、各人が労働の成果として獲得する財産が含まれる。そしてこれらは誰も奪うことができないものである。なぜ誰も奪うことができないのか。それは人間が神への義務を果たすために不可欠のものだからである[30]。

　次に、財産形成の根拠はどのように考えられているのだろうか。それは労働の成果である。ロックによれば、職業は神の召命である。したがって神から与えられた職業に勤しむこと、すなわち労働することは神学的義務を果たしていることを意味する[31]。

　財産の所有が許される根拠は何であろうか。それも労働であり、その論理は下記のとおりである。まず肉体は自らの所有物だと考える。肉体の働きかけが労働である。したがってこの労働を物質的な対象に働きかけることによって生み出される成果は労働した者が私有することが許される。労働が働きかけられる前の自然は人びとに共同で所有されている。しかしある人が自然物に働きかけると、すなわち私的なものである労働を付加すると、その成果は働きかけた人が所有することが許されるという。したがって財産の形成は労働の成果であり、その多寡はその人の勤勉さを示すものでもある[32]。

５）政府の樹立、国家の形成論理

　ロックの言う所有権（プロパティ）は単なる私的な所有物ではなく、宗教的な意義をも担っていた。人間が神への義務を果たすために不可欠のものとされているからだ。しかし統治権力の存在しない社会においてそれを個人で保全することは極めて困難である。そのため所有権の保全は個人レベルを超

えた政治的な課題とされ、これをより確かなものとするための統治権力の形成が必要とされた。所有権を巡って人間の間に生ずるであろう紛争を、統治権力に基づく法によって解決しようとしたのだ。それは市民の同意に基づく政治・国家の形成であり、「社会契約」論的国家形成である。これは絶対主義的国家に対する否定の思想、革命の思想でもあった[33]。ちなみに社会契約論は文明の中で堕落した人間を有徳で叡智的な存在へと再生させるためにはいかなる政治制度が必要であるかに関心をもっていた[34]。

　ロックにあっては、政府・国家形成の目的は人間の財産（プロパティ）の保持である。自然状態のままではプロパティの保持が危険にさらされる。そのためこれを放置すると神への義務が果たせなくなる。そこでプロパティを保持するためにひとびとの間で契約を結んでプロパティを守る統治主体、すなわち政府を作ることが神への義務を果たすことにもつながる。したがってロックの言う政治とは人間同士の間に生ずる紛争を解決し、プロパティが保全される平和的な共存状態を作り出す作用であり、人びとの合意によって形成されるものである[35]。

　この政治理論が発展すると抵抗権と革命権が是認される。ロックは次のように考えている。プロパティを侵害する不法な政治権力が出現した場合、人びとはこれに対して抵抗し、最終的には新たな政治権力と置き換える権利を有する。神の意志に背く政治的統治への抵抗は神の作品としての人間が負った神への義務の極点をなすものである。プロパティを侵害する不法な権力は神の信託に違反する政治的統治者であり、その権力への抵抗は神の意志に仕えるべき人間の義務であり、また本源的権利でもある。それゆえにロックは、宗教的義務の実践を支える人間に固有の権利を政治権力が侵してはならないと言う。このようにロックにあっては、政治的統治・政治権力の淵源は神の意志にある[36]。

3.2　独立宣言の構成とその趣旨

3.2.1　全文の構成[37]

　アメリカの独立宣言が語られるとき、これを対象とする専門研究者は別

として、通例は宣言文の冒頭に続く下記の部分が引用されることが多いようだ。「われわれは、次の真理は別に証明を必要としないほど明かなものであると信じる。すなわち、全ての人間は平等に造られている（created equal）。すべて人間はその創造主によって、誰にも譲ることのできない一定の権利を与えられている。これらの権利の中には、生命、自由、そして幸福の追求が含まれる」という行である。しかしこれは独立宣言のほんの一部に過ぎず、宣言の全文は、それぞれ内容を異にする五つの部分から成り立っている。下記の五つである。

① 冒頭の部分には、政治的な「宣言」を行う際に、すなわちここでは英国との政治的絆を切断して独自の政府樹立を宣言するために示すべき理由が述べられている。これは公式の宣言文書の形式に従ったものである。

② 第2の部分が前に引用した部分とそれに続く主張である。内容としては、すべての人間は創造主によって平等に造られており、一定の権利（生命、自由、幸福追求の権利を含む）を与えられている。この権利を確保するためには現政府の廃止と新政府の設置を行うことができるという主張である。

③ 第3の部分では、英帝国との絆を断ち切って独立する具体的理由、すなわち英国王（ジョージ3世）による数々の違法行為と権利侵害の事例が列挙されている。

④ 第4の部分は英国の同胞に対する宣言である。国王が植民地に対して数々の権利侵害を行っていたにもかかわらず、彼らがこれを止めようとしなかったことである。

⑤ 第5の部分には、連合諸邦はすでに自由にして独立した国家であり、従って独立国家としての権限を有することが述べられている[38]。

3.2.2 基礎的思想の解釈

1) 本研究の着眼点

独立宣言は紛れもなく政治的文書であり、アメリカ大陸に建設されたイギリス植民地が連合して主権国家となることをイギリスに対して、そして世界

に対して宣言したものであると筆者は考える。しかし本研究は今日の経営学の根底思想を捉えることを目的としている。そのため、本章ではあえて所有権などの個人の権利や生活倫理の根源を理解する視角からアプローチしてみたい。その意味では上記の通説的理解に近いとも言えようが、可能な限り労働や所有権の根源、並びにプロテスタントの倫理にさかのぼってみたい。独立を勝ち取る際の心の支えとなり、また新しい国民性の概念の源泉となったのは「ピューリタン思想」と「自然法」哲学であった[39]。

2）啓蒙思想、社会契約思想、ロックの思想

　この宣言の基礎にある思想は、直接的には建国のリーダー達の思想であるが、彼らはいずれもヨーロッパの近代初期の思想から強い影響を受けた人たちであったものと考えられる。中でもジョン・ロックの思想は特に大きな影響を与えたようだ。具体的には、人間が自身の内にある理性を信じ、これでもって今まで見えなかった所を照らして（enlighten）人間の認識を広めようとした啓蒙思想であろう。さらに踏み込んで言うなら、啓蒙思想の論法を用いて社会を改良しようとした社会契約論であり、人びとが自分たちの意思で統治権力を樹立しようとした市民革命論だと言えよう。

3）カルヴァン思想を中心とするキリスト教

　独立宣言は、キリスト教と縁の薄い人間にとっては想像を絶するほどキリスト教の教義に依拠している。「平等」概念にしろ、「自由」概念にしろ、特に建国期においては全てのものが創造主・聖書を公理として発想されていたと言っても過言ではあるまい。そのため、キリスト教に縁が薄い地域でアメリカ思想、特に建国期の思想を解釈するに当たっては、翻訳の字面のみで安易に情緒的に解釈してしまわないことが肝要であろう。キーワードの一つである「平等」は王権の絶対性を否定するための論理から導かれたものであり、唯一の絶対者である神によって創造された人間は王も自分達も全て平等だという意味である。「自由」は神が人間に与えたとされる理性によって獲得された意思の自由を意味しているのであり、神の意志による人間の能力の拡大を意味するものと考えられる。

4）自然権としての所有権

　全ての権利の源は神の示した「自然法」にあるとする所から始めなければ独立宣言の解釈も不正確なものになりかねない。独立宣言に示されている所有権の具体的内容も自然法に基づくものであり、しかもロックによれば、これらは人間が人間のために使うのではなく、神への義務を果たすために使うべきものとされている。したがって所有権（プロパティ）を保持することは神との関係において不可欠なものである。

3.3　連邦憲法制定と自由概念

3.3.1　連邦憲法制定

　独立宣言後に新たな国家建設に向けて植民地連合によって行われた主要な行動は下記のとおりである[40]。

　　1777年11月17日：第二回大陸会議で「連合規約」を採択

　　1781年３月１日：「連合規約」が発効

　　1781年３月２日：「大陸会議」を解散し、「連合会議」が発足

　　1783年：独立戦争はアメリカの勝利に終わり、イギリスがアメリカの独立
　　　　　　を承認

　　1787年：「連邦憲法制定会議」招集、憲法草案作成

　　1788年：「連邦憲法」発効

　　1789年：ワシントンが初代大統領に就任

　これまで確認したとおり、大陸会議が独立宣言までに果たした役割は大きかった。しかしそれは各植民地の単なる集合体として発足したものであったため全体の統制を欠いており、反英体制はまだ強力なものとはならなかった。そのためその後は国家としての統合性を確立するための段階が踏まれることになる。独立宣言後一年以上の議論を経て「連合規約」が採択され、1781年にはこれが発効している。これを見て翌日には大陸会議が解散され、発展的に「連合会議」が発足している。1783年にはアメリカが独立戦争に勝利し、イギリスもようやくアメリカの独立を承認している。続いて1787年には、建国の最終段階とも言うべき連邦憲法制定会議が招集されて憲法草案が

作成され、翌1788年にはこれが発効している。そして1789年にはワシントン
が初代大統領に就任した。

3.3.2　連邦派と州権派の自由概念

　憲法制定会議が開かれると二つの異なった立場が明らかになった。連邦主
義と反連邦主義である。ハミルトンに代表される連邦主義者は強力な中央政
府の必要性を主張した。産業の面では商業を奨励して市民の繁栄を図ること
を重視した。他方、ジェファソンに代表される反連邦主義者は連邦の権力を
抑制して各州の権限を保持することを主張した。産業面では独立自営農民を
重視し、田園的共和国を理想とした。要するに、この会議では自由と抑制と
いう相反する要素の融合が問題とされたのである。ジェファソンとハミルト
ンはその後のアメリカ思想の二つの大きな潮流を形成したと言うことができ
よう[41]。

3.4　考察

3.4.1　独立宣言で言われる「人間の平等」概念について

　独立宣言に見られる有名な行、「全ての人間は平等に造られている」は人
間観として高邁な理想を表現しているものと解釈されやすい言葉である。通
説でもそのように理解されているのではないかと推察される。しかしこれは
注意を要する言葉である。決して安易に情緒的に捉えてはなるまい。筆者は
次のように理解するのがより正確だと考える。

　これはプロテスタントの立場から、この世界に神以外の絶対者を置いては
ならないという主張から発している。人間社会において一部の人間を絶対者
とし、他の人間をその被支配者とする関係を作ってはならないという主張で
ある。具体的には王権神授説を念頭に置いて、これを否定する論理の提示で
あろう。この論理によれば、イギリス国王が絶対者として植民地の人びとを
支配することはキリスト教の教義に照らして不当である。神の下では植民地
の自分たちもイギリス国王と平等であるから、独立することは神の意志に沿
うものであることを主張している。したがってこの表現を、キリスト教の教

義を考慮しないで、今日的な価値観で情緒的に解釈すれば全体の趣旨が理解しにくいものとなろう。

　この宣言を起草した当時の建国のリーダー達が全ての人間の「平等」を語る時、今日一般に意味する、全ての人種や民族を含めてそれを思考していたかとなると極めて疑わしい。たとえば独立宣言起草者の一人であるジェファソンも奴隷を"所有"していた[42]。またもし入植者達が先住民を自分たちと「平等な人間」だと認識していたならば、実際に彼らが先住民に対して行った行動は実行できるものではなかっただろう。むしろ先に居住していた人たちに対して遠慮があってしかるべきである。さらに言えば、白人達の間においてさえ男女平等の意識は極めて低かったようだ。独立宣言以来今日まで人種や民族そして性の違いを超えて「全ての人間」を「平等に」扱う制度を整備しようという努力がなされていることは事実である。たとえば憲法には"Equal Rights Amendment"も付加する試みがなされた[43]。しかし実際には米国内に人種間・民族間での差別意識が根強く存在することは周知の事実である。

3.4.2　独立宣言における「自由」概念について

　「自由」概念についても、前に述べた「平等」概念と同様に多分にプロテスタントの論理を念頭に置いて用いられたのではないかと考える。すなわち、神が人間に理性を与え、その理性を用いることによってより神の意志にそう思考と行動ができるようになったという認識があるものと推測する。

　ただ本研究では、入植者達の日常的な自由、市民革命において希求された自由にも配慮して考察を進めたい。第1章でも確認したとおり、「自由」の希求は入植時からの人びとの中心的関心事であったことは事実であろう。しかも独立が現実的課題となるまではホッブスが『リバイアサン』で描いたような「自然状態」に近い状況が多分に存在していたものと推察される。そのため、当時は、今日「リバタリアン」と称される人たちの自由概念の基になる自由の追求が、むしろ主流を占めていたのではないかと考えられる。

　その後、独立革命期に全ての植民地が参加して一体性の強い統合組織を作

る経験をし、その過程で自由概念の修正が行われたであろう。さらに建国の仕上げとも言うべき連邦憲法を議論する過程で再度自由概念の修正に直面している。連邦形成のために従来の自由の一部を抑制することを受け入れざるを得なかったからである。ちなみにその後、19世紀の終盤に新たな自由概念（リベラル）の提示が行われている[44]。今日なお重要な政治的テーマとされる保守とリベラルの論争も、自由を巡る認識の違いに起因するものであるが、双方とも自由を希求している点では共通しており、その淵源は入植時にさかのぼると言うことができよう。

小　括

本章では次のことが明らかになった。

① 　アメリカ大陸への入植においては二つの大きな動機があった。一つは経済活動の自由を拡大しようとするものである。市民革命期に見られた強い動機である。いま一つは信仰の自由を得ようとするものである。ピューリタンの入植はその象徴的なものとされている。アメリカ文化の気風はやはりピューリタニズムを基礎としているようで、国民性の基盤となったのはピューリタンの倫理であったようだ。

② 　アメリカにおけるイギリス植民地の人びとは、当初は出身国イギリスに対して強い忠誠心を抱いていた。しかしフランスとの七年戦争終結後、イギリスから植民地に対して行われた課税が植民地の反発を買い、忠誠心は失せて逆にイギリスへの憎悪の念へと変わり、植民地の結束と独立への動きが進められることになった。

③ 　独立宣言の構成論理はキリスト教を基礎とする自然権思想と、ヨーロッパの市民革命期の所有権概念や社会契約論をベースとするものであると考えられる。そして政治的統治は神への義務を果たすために必要なプロパティの保全を目的として形成されるべきものとされている。アメリカ国家はこれを共有の価値観として形成されたと言えるのではなかろうか。

④ 　アメリカにおける思想には入植時から一貫して「自由の希求」があると言えよう。それが最初に公式文書で確認されたのが独立宣言であった。そ

の後、経済・社会状況の変化に応じて自由概念は多様化し、今日に至っている。

⑤　今後の課題

　　初期のアメリカ合衆国は確かにイギリスの植民地であった13の州（邦）によって建国された。したがって建国の基礎となった思想を彼らの独立宣言から理解することは必要条件である。

　　しかしアメリカ大陸を植民地として開発する活動という点ではイギリスは後発であり、スペインやポルトガルが先行していた。北アメリカ大陸においてはフランスによる活動も行われていた。独立宣言後に、イギリスを出身地とする人びとが西に向かって勢力範囲を拡大した結果、現在の姿となったのであるが、底層の思想レベルでは決して今なお一つに溶け合ってはいない。その意味で、アメリカ合衆国における思想の実態は、かつて言われたような「るつぼ」では決してなく、むしろ「モザイク」と表現する方がより正確であろう。今日のアメリカ思想をより良く理解するためには各章で取り上げたテーマ以外に民族的、人種的多様性と差別意識に関する考察も必要である。今後の課題としたい。

注

1 ）大西直樹著『ピルグリム・ファーザーズという神話：作られた「アメリカ建国」』講談社、1998年、21-22頁。

2 ）野村達朗編著『アメリカ合衆国の歴史』ミネルヴァ書房、1998年、8 -10頁。

3 ）大西直樹著、前掲書、190頁、第一〜三章。

4 ）Ralph Ketcham "FROM COLONY TO COUNTRY: The Revolution in American Thought, 1750-1820" 1974, Macmillan Publishing Co. Inc., N. Y. ラルフ・L・ケッチャム著、佳知晃子訳監修、『アメリカ建国の思想：植民地から共和国へ』時事通信社、昭和51年、巻末年表。

5 ）大西直樹著、前掲書、第一章。

6 ）ラルフ・L・ケッチャム著、佳知晃子訳監修、前掲書、 3 -11, 372頁。

7 ）https://americancenterjapan.com/aboutusa/translations/3474/

8）ラルフ・L・ケッチャム著、佳知晃子訳監修、前掲書、23-29頁。

9）ラルフ・L・ケッチャム著、佳知晃子訳監修、前掲書、30-35頁。

10）アメリカ独立革命史の研究者・斉藤眞によると、当時の各Stateは言わば国家に準じる組織であった。その意味で、合衆国憲法が発効する1788年6月までは、Stateは「州」ではなく、「邦」と表記する方がより正確である（斉藤　眞『アメリカとは何か』平凡社ライブラリー、1995年、154, 176頁）。

11）David Armitage "The Declaration of Independence: A Global History" デイヴィッド・アーミテイジ著、平田雅博・岩井　淳・菅原秀二・細川道久訳『独立宣言の世界史』ミネルヴァ書房、2012年、36-38頁。

12）デイヴィッド・アーミテイジ著、平田雅博・岩井　淳・菅原秀二・細川道久訳、前掲書、52頁。

13）デイヴィッド・アーミテイジ著、平田雅博・岩井　淳・菅原秀二・細川道久訳、前掲書、39頁。

14）デイヴィッド・アーミテイジ著、平田雅博・岩井　淳・菅原秀二・細川道久訳、前掲書、41頁。

15）デイヴィッド・アーミテイジ著、平田雅博・岩井　淳・菅原秀二・細川道久訳、前掲書、49-50頁。

16）デイヴィッド・アーミテイジ著、平田雅博・岩井　淳・菅原秀二・細川道久訳、前掲書、36-37頁。

17）https://americancenterjapan.com/aboutusa/translations/3474/

18）ラルフ・L・ケッチャム著、佳知晃子訳監修、前掲書、380-385頁。

19）本書第2章参照。

20）本書第2章参照。

21）本書第2章参照。

22）ジョン・ダン著、加藤　節訳、『ジョン・ロック─信仰・哲学・政治』岩波書店、1987年、79-80頁。甲斐道太郎他著『所有権思想の歴史』有斐閣、1979年、27頁。

23）加藤　節著『ジョン・ロック─神と人間との間』岩波書店、2018年、48頁。

24）加藤　節著、前掲書、52-53, 194-195頁。

25）甲斐道太郎他著、前掲書、29頁。

26）大森雄太郎著『アメリカ革命とジョン・ロック』慶応義塾大学出版会、2005年。

27）加藤　節著、前掲書、プロローグ。

28）ジョン・ダン著、加藤　節訳、前掲書、47-50頁。

29）加藤　節著、前掲書、21-25頁。

30）加藤　節著、前掲書、87-90頁。ジョン・ダン著、加藤　節訳、前掲書、64-69頁。

31）加藤　節著、前掲書、89-92頁。

32）加藤　節著、前掲書、89-92頁。ジョン・ダン著、加藤　節訳、前掲書、64-69頁。

33）甲斐道太郎他著、前掲書、26-29頁。加藤　節著、前掲書、196頁。

34）加藤　節著、前掲書、48頁。

35）加藤　節著、前掲書、196-199頁。

36）加藤　節著、前掲書、92-94, 98-100頁。

37）デイヴィッド・アーミテイジ著、平田雅博・岩井　淳・菅原秀二・細川道久訳、前掲書、192-198頁。

38）斉藤　眞、前掲書。

39）ラルフ・L・ケッチャム著、佳知晃子訳監修、前掲書、378頁。

40）ラルフ・L・ケッチャム著、佳知晃子訳監修、前掲書、巻末年表頁。https://americancenterjapan.com/aboutusa/translations/3474/

41）ラルフ・L・ケッチャム著、佳知晃子訳監修、前掲書、376-379頁。

42）デイヴィッド・アーミテイジ著、平田雅博・岩井　淳・菅原秀二・細川道久訳、前掲書、60-62頁。

43）1972年に議会で承認されたが、批准した州が規定数に届かず不成立となった。

44）本書第4章参照。

第4章　三つの側面から見た米国の思想

導　入

　本章では第1章から第3章までの内容を踏まえて、現代の米国思想の特徴を明らかにすることを目標としている。着目する時期としては概ね19世紀の終盤から20世紀の後半までを考えている。なぜなら19世紀終盤には、端的に言えば大企業が多数形成され、経済体制が現代的な特徴を見せ始めているからだ。より具体的に言えば、第一には、経済学にも新たなアプローチが見られるからであり、第二には、大量生産を前提とする大規模経営が生まれたために、経営に対して初めて科学的なアプローチがなされて経営学が成立したとされているからである。また米国国内市場が巨大な市場として結合され、流通分野でも飛躍的な発展が見られるようになったからである。

　言うまでもなく米国の現代思想は多様で複雑である。そのためこれの特徴が簡単に捉えられるものでないことは筆者も理解している。しかしまず重要な着眼点を示すために三つの分析視点を設定した。経済（経営を含む）、社会、宗教である。本章はこれらの分析視点に対応して三つの節で構成されている。まず「1.」では、米国における19世紀終盤以降の産業構造や経済思想に着目し、現代の経営の基盤がどのように形成され、どのような経済思想がベースにされているかが考察されている。「2.」では、20世紀の米国の主要な政治・社会思想に着目し、いわゆる保守思想やリベラル思想と経営との関係が考察されている。「3.」では、宗教、具体的には米国で多数を占めるキリスト教福音派に着目し、それが多様な移民から成る米国のアイデンティティ形成とビジネスの性格形成にどのように寄与してきたかが考察されている。

1. 現代の経済体制の基盤形成

1.1 産業構造の発展・変革と企業

　本節では今日のアメリカ経済思想の起源を捉えるための一つの作業として経済基盤の発展を考察する。その第一段階として、産業構造の視角からその発展の要点を確認しておこう。アメリカ合衆国建国時の主たる産業は南部地域を中心に展開されていた農業であった。しかしその後、北部地域を中心として製造業が発展し、19世紀初期にはその本格的な展開が始まっている。そして1830年代にはアメリカにおける産業革命が実現されている。その後、南北戦争後には未曾有の高度経済成長が見られ、その過程では工業生産力の飛躍的向上と農業生産の拡大が見られた。その結果、アメリカにおいては工業が経済社会の主たる地位を占める体制が支配的となった[1]。

　高哲男によれば、アメリカ史上最大の産業構造の変化は19世紀末から20世紀初期にかけて生じている。一つには、農業社会から工業社会への転換が見られたことであり、二つ目は、工業の内容において重化学工業化が明白になったことである[2]。企業レベルでは個々の企業の規模拡大が見られ、さらに大規模な企業合同が行われた結果ビッグビジネスの時代が到来する。後に改めて取り上げるが、これらの諸事態が契機となって、企業ではその各側面のマネジメントに大変革が生ずることになる。

1.2 経済思想の発展・変革

　経済思想の面では概ね下記のような変遷が見られる。建国時には南部プランテーションが重要な地位を占めていたので、農業者による重農主義的農業重視が主張され、しかもこの主張は古典的な個人レベルの自由主義思想（自由放任と自由貿易）と結合していた。しかし当時のアメリカでは旧植民地体制から脱却して独立国としての経済基盤を形成することが大きな課題とされていた。そのため農業だけに依存せず、工業の育成と発展を積極的に図ろうとする思想もあった。ちなみに、農業重視を主張したのがトーマス・ジェファソンであり、これを批判して工業の育成を図ろうとしたのがアレクサン

ダー・ハミルトンである[3]。その後、アメリカの産業においては19世紀前半に産業革命も起こり、工業がその重要性を高めていく。

　経済思想としては19世紀後半頃までは古典的自由主義、言い換えれば、個人レベルでの自由主義が主流であったようで、経済活動においては自由放任が正統な政策とされていた。このような思想の下では「独立・自助と自由競争」の下で進められる資本主義的発展こそアメリカの富の増加を実現し、社会進化をもたらすと考えられてきた。ところが1870年代頃、社会的・経済的混乱が生じ、その修復が必要となる。そして新しい成長の可能性が求められた。そこで援用されたのがダーウィンの進化論である。適者生存、自然淘汰を唱える進化論は伝統的・個人主義的自由放任の思想に適合したものと考えられる。ここで生まれたのが進化論の論理を社会事象にまで適用したソーシャル・ダーウィニズムと呼ばれる思想である。そしてこれは伝統的な自由競争を促進する論理とされた。アメリカの経済発展の精神的基礎には個人の利益と社会の利益は常に一致しているという思想があったようだ[4]。

　しかし19世紀も終盤に至ると、アメリカ社会には実に大きな変革が起こっていた。多くの産業分野でビッグビジネスが誕生し、その結果、従来のような自由放任主義が必ずしも社会全体の発展をもたらすとは言えない市場状況が発生していたのである。具体的に言えば、ビッグビジネスが独占的な行動をするようになり、その結果、個人的自由を享受できない層が多数発生したのである。そのため、自由主義の枠内ではあれプログラムの書き換えが必要とされ、根本的な革新主義（Progressive）の発想に基づいて形成されたのが新自由主義（ニュー・リベラリズム）である[5]。

　この思想の特徴を端的に言えば、個人的自由の享受者を拡大するために政府・国家による一定の介入を容認する考え方である。従来の自由主義が個人レベルのそれであったのに対し、新自由主義はいわば集団レベルの自由主義である。元来、アメリカにおける自由思想の基礎には、個人の活動への政府・国家による介入をできる限り排除する考えが強くある。それだけに、ニュー・リベラリズムは思想分野における革新的発展であり、その後のアメリカにおけるリベラル思想の先駆となったと言われている[6]。新たなリベラ

リズムの思想を継承し、主として経済分野において1930年代に展開された政策がニュー・ディールである。この思想は1950年代にマッカーシズム、つまり古典的自由思想によって一時期動揺させられたことはあったものの、1960年以降は、J. F. ケネディのニュー・フロンティア政策に継承されて発展していく。その際、社会政策分野において行われた運動が公民権運動だと言うことができる。

　なお、日本において1980年代以降、当時の新思潮として同じ「新自由主義」という語が用いられたことがあるが、これはレーガンを大統領に押し上げた勢力の思想、すなわち古典的な個人レベルの自由主義、いわゆる保守主義の復活が叫ばれたものだと言える[7]。この点については次節で改めて考察する。

1.3　経済学の発展・変革

　南北戦争後にアメリカ国内では未曾有の経済成長が起こり、またこれをベースとして資本の集中も進み、アメリカ資本主義は独占段階に入った。その結果、従来の古典的自由主義では対応しきれない状況が拡大したため、それまでの自由放任主義的政策の修正と改革への関心が高まりを見せた。こうした状況下で、アメリカ経済学に生じた動向がドイツ歴史学派経済学の導入である。その知的枠組みは①社会有機体概念、②経験的データの信頼、③事象の経済史的解釈などである[8]。

　1890年代になると歴史学派的アプローチをアメリカ的伝統に適合させる動きが台頭する。ここではスミスやミルなどによる古典派経済学に新たに限界効用の論理が組み込まれた。いわゆる「新古典派経済学」である。さらに1900年代に入るとアメリカ社会に再び社会改革の気運が高まり新たな経済学が誕生する。ヴェブレンなどによる「制度派経済学」である。これはアメリカ独自の体系をもつもので「進化論的経済学」とも称される[9]。

　19世紀後半から20世紀初期にかけての動向をもう少し詳しく見てみよう。経済学の分野ではニュー・リベラリズムと軌を一にして次のような革新的発展が見られた。19世紀終盤に英米の大学で支配的地位を占めていたのがいわ

ゆる新古典派経済学である。この学派までが、自然の中に調和や均衡をもたらす法則があるとの仮定の下にそれを発見しようとした経済学である。たとえばA. マーシャルの学説によれば、方法論的な個人主義や市場の均衡を前提として経済活動を市場に任せきる所にその基本的特徴を見ることができる。この説は自然法思想を基礎とするものである。すなわち自然の中には神が万物の創造に際して仕組んだ調和のための法則があるはずだという信仰に依拠したものだと言えよう[10]。ちなみに神の仕組んだ法則を発見したいということが動機になった研究は古くはコペルニクスやケプラーの天体観測以来の物理学の分野にも見られることで、欧米の諸学説を理解する際に欠かせないポイントの一つである。

　このような、いわば静態的な自動調整メカニズムの解明を目的とする経済学に対して批判を加えたのが新しい経済学の制度派経済学である。T. B. ヴェブレンによれば、自動調整的なメカニズムの解明に止まらず、社会進化（＝発展）過程を批判的に解剖することが科学としての経済学の課題である。そのため彼の説では、有機体的世界観と進化思想に基づいた理論構築が行われており、そこでは利己心の一定程度の抑制と、市場も失敗しうることを前提とした、政府による一定の介入も容認されている。いま一つは株式会社や企業者団体などの新しい集団的現象に対する認識の重要性も指摘されている[11]。この学説提唱においては科学的方法のさらなる発展が前提とされており、したがって信仰に対しては距離を置いた上で、人間の手によって社会を改変しうることへの自信と責任が明確に窺われる。この新しい経済学は第一次世界大戦後の実践的要請を背景に、統計的・実践的・計量的な研究を推し進め、社会全体の経済活動水準をコントロールするための方法を科学的に探る道を開いた[12]。

　1920年代は「黄金の1920年代」と言われ、年平均約6％の経済成長を経験している[13]。しかし1929年以降の大恐慌の中で経済に対する認識は大きく転換されることになった。自由市場、均衡財政、金本位制などを柱とする古典的市場システムが崩壊したからである。その結果、自由放任を退けて均衡予算にとらわれない財政政策を柱とする経済学が登場し採用される。ケインズ

経済学である[14]。この経済理論はアメリカ国内のみならず多くの国々で導入され、その政策的枠組みがその後長きにわたって適用されていることは周知のとおりである。

　しかしケインズ経済学も1960年代の民主党政権による政策の失敗によって信頼を失い、退場を余儀なくされた。当時インフレーションが大きな政策課題となっていたため、残された手段は貨幣政策だけであった。マネタリズムの復活である[15]。これは後述するとおり、保守系思想と相俟って1980年代以降の経済政策の柱とされ、今日の企業経営に対しても少なからぬ影響を及ぼすことになる。

1.4　経営学の誕生と発展

1.4.1　生産体制の科学化

　上記の三つの節で、19世紀終盤から20世紀初期までの米国における産業構造、経済思想、経済学の発展を考察した。本節ではこれらが経営学の形成に及ぼしたであろうと考えられる影響を考察してみよう。経営学はこの時期に米国において誕生したと言われている。しかし今日のような包括的で体系的な経営学が一挙に誕生し発展したわけではあるまい。経営の各分野の発達がそれぞれ生じ、それらが徐々に統合され体系化されたものと考える。ここでは生産分野と販売分野の大きな変革を取り上げてみよう。

　19世紀の後半には大陸横断鉄道をはじめとする交通網の発達などによって米国内に巨大な市場が誕生する。それと呼応して多くの産業分野で企業合同が進みビッグビジネスが誕生した。これは従来の個人企業を主体とする経営とは全く次元を異にする経営が必要になったことを意味する。そこでは生産性の向上と確実な大量生産が大きな課題となり、より能率的な動作、作業時間の短縮、統一的意思決定、コスト引き下げ、標準化などの実現が具体的な目標とされた。これを実現するために誕生したのが生産分野の問題解決を中心とする科学的管理であったことは周知のとおりである。その過程では、もの作りの実態が要素還元的に観察・分析され、諸事象間の関係が因果論的に捉えられることによって、生産体制が各職人の熟練に依存するARTから

SCIENCEに転換したのである。そしてそれは特に米国においては資本家・経営者の立場から論じられるマネジメントの科学化としての性格を強く帯びることになる。このような経緯をもつ生産体制改革の根底にはどのような思想があるのだろうか。そこで考えられるのは、第一に、生産過程の主導権を資本家の手に取り戻し、資本家の意思によって生産活動をコントロールすることであり、第二には、生産過程に科学的思考方法を適用することによって大量生産の確実性を、品質、コスト、時間などの諸側面から向上させることであろう。なお、生産体制の科学化はこれに付随して、人事、賃金、販売などの問題改善にも波及した。

1.4.2 マーケティングの誕生

この時期に誕生し、経営学形成に寄与したもう一つの大きな変革は販売概念の拡大とその諸方策の大変革であろう。結論から言えば、それはマーケティングの誕生である。これの実現に寄与したこととして次のことが考えられる。

第一は、アメリカ国内に巨大な市場が成立したことである。これによって流通問題が新たなレベルに進み、従来の諸方策に対する根本的な見直しが必要になったのである。第二は経済学の発達である。価値の形成と需給の関係に関して新しい認識が生み出された。価値の形成に関して言えば、それまでの古典派系経済学では商品価値の形成は生産過程のみで行われると考えられていたが、流通過程においても価値の形成は行われうるという認識が生まれたのである。主観的な価値への認識の拡大である。需給の関係に関しても、この時代までの経済学では需要と供給は調和・均衡すると考えられていたが、需要は意識的に増大させることが可能なことが明らかになったのである。第三には、もちろんこれは第二の要因と密接な関係にあるが、巨大企業となって市場支配力を手にした企業が消費者行動まで視野に入れて需要創造に踏み出したことである[16]。

生産分野と販売分野でのこのような変革は人事管理、組織管理、賃金形態、会計などの分野での改革も促し、これらが包括的に統合されて経営学が

成立したのであるが、ここではそれらに踏み込むことは割愛する。20世紀初頭に上記の諸事態が進行したということは需要と供給が「社会的には自ずから均衡する」と考えられていた段階から「意識的にコントロールしうるもの、すべきもの」と考えられる段階に進んだことを意味すると言えよう。

2. 経営環境要因としての保守とリベラル

2.1 共通要素としての「自由」

　米国の保守思想とリベラル思想に関する研究は政治学の分野で多く蓄積されている。したがってここではそれ自体を改めて掘り返そうとしているのではない。本章の目的は保守思想やリベラル思想がその時々の経営政策決定に、あるいはビジネスモデルの形成にどのように影響を与えてきたかを探ることである。そのため、時間的には19世紀以降を主たる考察対象として試みてみたい。

　この章の考察を始めるに当たって、最初に次のことを確認しておきたい。ヨーロッパの啓蒙思想を基本的な思想として建国された米国においては保守系と言われる思想であれリベラル系と言われる思想であれ、結局は双方とも自由主義の内容をめぐる主張だと言えよう。政治運動においても、保守かリベラルかを問わず通底する要素があった。それは「過激なまでの個人主義」であり、簡単に言えば、「俺のことは放っといてくれ」とでも言えるリバタリアン的衝動である。ちなみにリバタリアンとは古典的な自由主義思想の持ち主であり、「小さな政府」を求め、個人の自由を広げようとする人たちを意味する。特に19世紀終盤からは、リベラルと対比するために「思想や行為の自由を強く主張する人」という意味で用いられるようになった[17]。

2.2 リベラル系思想とビジネス

　ザックリした言い方をすれば、米国においては19世紀の終盤までは古典的な自由主義、後に保守と呼ばれる主張が強かったようだ。しかし前節でも確認したとおり19世紀末頃から新しい自由主義思想が台頭し始め、それが後に

リベラルと言われる思想系の原型になったと言われている。政治的な側面から言えば1920年代には共和党が政権を奪取し、保守系思想が支持されたが、大恐慌からの回復が課題となった1930年代には、再びリベラル思想が必要とされ、民主党のF. D. ルーズベルト大統領のリードするニュー・ディール政策の基礎的思想となっている。

　第二次大戦後は国際協調が重視され、貿易面でも金融面でもそれを促進する国際的な体制が作られたことは周知のとおりである。この時期の一連の体制作りは新市場への展開を目論む企業にとっては国際的展開を容易にする仕組みの整備を意味していた。この新たな環境の中で作られた国際展開のビジネスモデルが多国籍企業と称された形態だと言えよう。

　国内の面では、J. F. ケネディが大統領に就任した1960年代の初頭から、いわゆるニュー・フロンティア政策と呼ばれた一連の政策が実行に移された。具体的には、人口増と就労問題への対応、高齢化と社会保障への対応、教育への積極的支援、科学と宇宙開発への対応など、七つの分野が指定された[18]。社会面では公民権運動が盛り上がりを見せ、公正、平等、機会均等などを目的として人種間の差別撤廃政策が実行された。1920年代を除けば、20世紀初頭から1960年代半ばまではリベラル思想が国民から支持を得ていた時代であったと言えよう。

　ビジネスにおいては、企業組織内での人間の評価に前進が見られ、人事制度の面でも発想の転換が見られた1950年代から「人事管理」に替わって「人的資源管理」という語が用いられ始めている。これは経営における人間観の変化である。転換以前には人間は基本的には単純労働の担い手で、代替も困難ではない経営要素と位置づけられていた。しかし転換後には、人間は新たな付加価値を創造する貴重な経営資源として評価されるのみならず、人間としての個人的尊厳が重視されるようになった[19]。経営を事業家のみの視点から捉えるのではなく、経営に直接関与する従業員をも含めた包括的でより公正な認識がビジネスにも芽生え始めていたと言えるであろうか。ただ、その後、ベトナム戦争の泥沼化などで米国内には混乱が広がり、その上スタグフレーションが発生して企業経営も苦しい状況に直面する。1960年代の末期か

ら、従来の思想や価値観に対する見直しが顕在化し、リベラル系の路線は行き詰まり状態に陥っていった。

2.3　新保守系思想の台頭とビジネス

2.3.1　新たな保守系思想の台頭

　1973年には第一次石油危機が発生し、アメリカ国内でも経済・経営環境の大変動が起こる。産業面では従来の工業化、近代化政策の見直しが行われた。政治思想の面から言えば、伝統的に農本主義的価値観が強く北部に対する反発の強かった、いわゆる南部地域に反リベラル的な保守系思想がじわじわと浸透していた。政党名で言えば共和党勢力の浸透である。経済政策面から言えば、小さな政府、企業に対する規制緩和、減税などを柱として供給面からのアプローチを強調する思想である。経済学では、それまでのケインズ経済学に代表される需要面からのアプローチに対して、この新しいアプローチはサプライサイド経済学と呼ばれた。フリードマンを初めとするシカゴ学派の経済学者たちが唱えた経済学理論である。

　この経済学・経済政策の基礎にある思想は建国当時のジェファソンらの思想、すなわち個人レベルの自由を強調する思想を継承し保守しようとするものである。その意味ではコンサーバティブ（保守）の系に属するものである。この思想が政権の形になって現れたのが1980年代のレーガン政権およびその後の共和党政権である[20]。ただ、分かりにくい話だが、この時代に台頭したネオ・コンサーバティブはその淵源をたどればそれはリベラルにあり、その政策に不満を抱いた層が保守系に接近した主張をしたことによって生まれたと言われており、思想系としては位置づけの難しい思想ではある[21]。

　この新しい保守系思想は現代の米国の経済・経営思想の原型になっていると言えるのではなかろうか。19世紀末から20世紀初頭にかけての時期に台頭したニュー・リベラリズムは、前節で見たとおり、建国以来の古典的な自由主義が継承されていた古い状況に大きな転機をもたらした。そして1980年代初頭のレーガン政権以来明確になった新たな保守への転換は20世紀初頭の転換に劣らず大きな変革を米国社会にもたらしたと考えられる。そして復活

したこの保守系思想は米国のみならず、日本を初めとする多くの国々の経済政策に対しても大きな影響を及ぼしてきた。イギリスの政権で言えばサッチャー首相以降であり、日本の政権で言えば中曽根政権以降である。規制緩和、民間活力の活用、公企業の民営化などが推進され、旧国鉄や電電公社、専売公社が民営化されたのも80年代であった。

　ただ、これらの一連の政策は必然的に負の側面も伴うものであったことを軽視してはなるまい。具体的には、経済格差の拡大、言い換えればごく少数の富裕層と実に多くの貧困層を生み出した。そしてこの事態は今日の大きな社会問題となっている。規制を緩和して自由を拡大すれば、強いものはより強く、弱いものはより弱くなるのは明らかである。18世紀から19世紀にかけての古典的自由主義をベースとする諸政策が今日のような破滅的問題を引き起こさなかったのは、端的に言えば、当時の経済規模は今日のそれに比べて格段に小さく、工業化の質もまだまだ自然に近いレベルにあったからであろう。しかし今や、量の面でも質の面でも状況は全く異なっている。閉鎖系である地球の限界を多くの側面から考えなければならない時代である。もはや古典的自由主義に近い主張が許される状況ではない。

2.3.2　株式会社設計思想の大転換
　上記のような新たな保守系思想の拡散は企業経営においても実に大きな変革をもたらす要因になった。この思想の下では財産の私有とその活用による利殖の極端なまでの自由が強調される。端的に言えばmake moneyの自由の主張である。これは古典的なAmerican Dreamの呼び起こしとでも言えようか。1980年代以降、米国の経営大学院では株式会社を株主の利殖手段とみなす会社観が打ち出され、株主価値、言い換えれば株主へのリターンの最大化こそが最重要であることが強調され始めていた。シカゴ学派の経済学者たちも株主価値の最大化を目標として利益を生み出すことこそが企業の唯一の目的であるべきだと主張した[22]。

　このような思想の下で、株式会社の設計思想に関しても大幅な転換が行われている。それは実に多くの側面で見られるが、ここではその主要なも

ののみを挙げておこう[23]。第一には、経営における出資者の権限強化である。具体的には、コーポレート・ガバナンスの強化として行われてきたが、その柱は①株主総会の権限強化、②director（日本の取締役に相当）によるexecutive officer（経営執行者）の監視強化などである。

第二には、種類株式の規制緩和などによって株主権限が大株主に集中することを可能にした制度変更である。その結果、グローバル規模で経営を行う巨大企業においても、あたかも個人企業のごとき意思決定を行うことが可能になっている[24]。

第三には、出資者へのリターンを増大するための制度改変である。具体的には、資本金や配当の概念変更が行われた。配当はもはや「利益の配分」ではなく「剰余金の配分」とされている。これに伴って、かつては聖域とされた資本金まで取り崩して配当の原資とすることが可能になっている。また、バランスシート上で、かつては会社という法人の「自己資本」とされたものは「純資産」と呼びかえられ、その中核部分は「株主資本」と称されている。これらの成果を測定するための指標とされているのがROEに他ならない。また法人税の軽減もその真の目的は配当原資の流出防止だと言えよう。その他には、役員賞与の費用化、雇用の柔軟性強化、組織再編の柔軟性強化などがあるが、ここではこれらの詳しい説明は割愛する[25]。

2.3.3　新しいビジネスモデル

1980年代頃から、社会ではITのめざましい進歩が実現されつつあり、それによるインターネットの形成が始まっていた。そして当時ビジネススクールで上記のような企業観を学んだ若者たちは、それをネット上でのビジネスで実行した。全く新しいビジネスモデルの誕生である。しかもIT大手の経営者たちは巨大な権限を保持したまま、古典的自由主義さながらに独占的な力を行使している[26]。

グローバルな市場までコントロールできる力を獲得した企業はもはや出資者のみの私的所有物ではない。にもかかわらずその経営においては今なお企業を出資者の私的所有物とみなし、社会的責任を軽視し続けている。それが

どのような結果をもたらすか、答えは火を見るよりも明らかだ。すでに世界各地で現実となっている経済格差の拡大と貧困層の増大がそのことを如実に物語っている。企業の社会的性格はその規模によって明らかに変化する。今日の巨大企業にあって、なお古典的自由主義を企業経営の具体的な原理とすることはあまりにも時代錯誤で無責任ではなかろうか。

3.　宗教の果たす役割

3.1　キリスト教国家としての米国

3.1.1　身近な事例に見る神

　キリスト教がダイレクトに経営学説に現れることはまずないと思われるが、建国に至るまでの歴史においても、またその後の制度形成においても、アメリカ社会の思想形成にキリスト教信仰が少なからぬ影響を及ぼしていることは明らかであろう。たとえばわれわれが日常、比較的眼にする機会のある象徴的な事例で言えば、大統領の就任式において、宣誓は聖書に手を置いて行われるし、硬貨には「IN GOD WE TRUST」と刻印されている。紙幣はfederal reserve noteであるがこれにも同じ印刷がなされている。米国においては貨幣の信用の基礎にまで神がある。また、アーヴィング・バーリンが1918年に作詞・作曲したと言われる楽曲「God Bless America」は学校や軍隊、大統領の就任式などでもしばしば歌われ、事実上アメリカ合衆国第二の国歌だとも言われている[27]。本章においては現代の状況を捉えることを主目的としているので、建国前後の状況把握は今後の課題とし、ここではアメリカにおけるキリスト教の大きな勢力であり、また前節で取り上げた保守思想とも密接な関係のある福音派を取り上げ、その影響を考察する。

3.1.2　福音派の起源、信仰、価値観

1）福音派の起源

　米国における福音主義とはアメリカ・プロテスタント教会が道徳の規準としていた「聖書の権威」、「キリストの十字架による罪の贖い」を積極的に認

める立場である。その意味では、19世紀後半まではアメリカにおけるキリスト教徒のほぼ全ての人びとが「福音主義者」であったと言えるようだ。2005年のギャラップ調査によると、新生体験すなわち、もともと背負っている原罪がキリストの十字架によって取り除かれ、自分は罪人でなくなるという体験をしたことがあるアメリカ人、または自らを福音派（evangelicals）と自覚している人びとは全体の42％にものぼる。また聖書中の奇跡が実際に起こったと信じ、聖書を字義通りに受け止めている人は全体の30％である[28]。このような信仰上の特徴を持つ福音派の起源は下記のように捉えることができる。

　アメリカにおいてプロテスタント教会が誕生して以来、伝統的に受け継がれてきたのがカルヴァン主義神学である。そしてこの神学に基づいてアメリカという文化的・社会的土壌の中で営まれてきた神学運動に福音派の起源を見ることができる。

　南北戦争以前、アメリカ・プロテスタント教会に属する人びとは、「宗教改革の伝統、すなわち聖書の権威とキリストの十字架による罪の贖い」を自分たちの道徳規準として生きていた。当時のアメリカでは、人びとは人間を根源的に罪ある存在と見なし、自助努力によってはその状態から抜け出すことはできないとする人間観をもっていた。そしてキリストの十字架による贖いが、その状態から人びとを解放するという神学をどの教派も伝統的に受け入れていた[29]。

2）信仰の根幹

　彼らの信仰の根幹は下記の点にある。それは偏に聖書信仰にある。聖書を絶対に正しく間違いのないものとして信じており、聖書そのものを信仰対象として受け止める生き方をしている。彼らは聖書をアプリオリに権威あるものと見なし、その正当性や真理性を疑うことなど考えもしなかった。福音派の特質とは聖書に書かれている出来事が字義通り実現するという「信仰」をもつことによって、「聖書的」世界が地上、特にアメリカに於いて実現すると捉えることである。彼らが伝統的に抱いてきた「聖書信仰」にその中心的特徴を見いだすことができる。「聖書信仰」とは聖書が何の論理矛盾もなく、

また全てが事実であるということを意味するものではない。聖書の記述に誤りや矛盾があったとしても、聖書の正当性・真理性を主張し続けることである[30]。

3）福音派の価値観

福音派の人たちは下記のような独特の価値観を有している[31]。

① 聖書の権威が守られ、その正当性が保障されることを第一に願う姿勢。この前提で現実社会で起こることを解釈し、聖書が語る世界観と現実社会を整合性のとれたものとして理解しようとする。

② プロテスタント保守派は聖書に書かれた内容を「神の言葉」と見なし、それを「事実」・「真理」と信じている。

③ ただ、彼らが営んできた歴史を見ると彼らも社会の実情や趨勢に敏感に反応し、聖書の解釈や強調点を巧みに変化させてきた。この点ではリベラルと類似している。

④ しかし彼らとリベラルの大きな違いは、このような現実対応をしていながら、なお福音主義を「唯一の真理」とし、自分たちはこの真理に立脚していると主張し続けていることである。

3.1.3　聖書信仰によるアイデンティティの形成

森孝一によれば、絶対的な聖書信仰の心情は福音派だけのものではなく、アメリカ人全体のアイデンティティに通じるものである。それは国家としての成り立ちに起因している。アメリカの住民は先住アメリカ人と、奴隷として連れてこられた人たち以外は移民として移住した人々である。アメリカ・プロテスタント教会もその大半が移民で構成されていた。しかもヨーロッパ各地から集まってきているために彼らに共有できる新たな民族的アイデンティティは存在しなかった。すなわちこのような多様な背景をもった人々によって構成されるアメリカは「共通の過去」をもっていない。そのため彼らは「共通の過去」を意識的に作り、また統合の絆として理念、理想、信条から成る「共通の未来」を設定するしかなかった。そしてそれを行う根拠を「聖書」に求めたのだ[32]。

聖書信仰はこれを信じる者に「共通の過去」を与えることになる。ただしそれは彼ら一人ひとりの歴史的事実としての「過去」ではない。それは2000年前の「キリストの十字架」という出来事を「共通の過去」として受け入れたものに与えられる実感（新生体験）である。これによって人びとは原罪を背負う罪人であった自分が贖われ、新しく生まれ変わったかのような感覚を抱くことができるのだ[33]。

　アメリカの住人は「共通の未来」も同様にキリスト教と聖書の中に求めた。独立宣言に明記されている「創造主が人間に与えた権利」としての基本的人権が保障される社会の実現を自分たちの「共通の未来」と見なした。それによってアメリカ建国当初から「共通の未来」が保持され、自分たちにはそれが確かに実現され存在するという安心感を得てきた。彼らにとって聖書に書かれた言葉は「神の言葉」であり、したがってそれは疑うべくもない「真理」だと信じられている。このように「共通の未来」も聖書信仰に由来するものである。そのため彼らは聖書に対する変わらない信仰を持ち続けているという姿勢を崩さない。だからアメリカは宗教的な国家であらねばならないのだ[34]。アメリカが先進国の中で例外的に宗教的な国家である理由はここに見いだすことができる。

　福音主義者たちがアメリカで生活する者のアイデンティティとして不変の絶対者を頑なに保持しようとする思想を理解するための参考事例としてヨーロッパにおける近現代の思想的経験を挙げておこう。ヨーロッパの人たちにも変革と継続のジレンマに苦しんだ歴史がある。中世末期からキリスト教的価値観のほころびが見え始め、人びとは己の思惟力・判断力による世界の認識を試み始める。その象徴的な思想はデカルトの主張に見ることができる。その後、人びとは神による被造物としての自己と神からの自律を目指す自己との狭間で揺れながらも近代科学を誕生させた。そしてこれをベースとする啓蒙主義思想が普及する。しかしこの思想は「変革」を基本的価値とする側面を持っていたために急速な変革に危機感を抱いた人たちは絶対的なものを見直して啓蒙主義的活動にブレーキをかけようとした。ロマン主義思想である。両思想のせめぎ合いをより一般的な論理で表現するなら、変革と継続の

ジレンマと言うことができよう[35]。

　米国においても同様のジレンマがあったはずだ。いや、米国に移住した人々にとっては通常は精神的よりどころとなる過去が断ち切られているだけにそのジレンマはいっそう大きかったであろう。想像を絶する不安があったであろう。とてつもないこの不安を少しでも軽減し、心の安定をもたらす拠り所、すなわち過去から変わることなく継承されてきた絶対的なものが不可欠であっただろうと推測する。ここに取り上げたキリスト教福音派の人たちの間で、かたくななまでの聖書信仰が継続されてきたのは．そこに日々の心の安らぎを求めることができたからであろう。そして移住者の間でアイデンティティを共有することができたからであろう。

3.1.4　福音派の分派

　アメリカ・プロテスタント教会（evangelicals）は1870年頃までは統一性を保ってきた。しかし19世紀半ばに、進化論や啓蒙主義に代表される聖書批判学が流入する。19世紀半ばのヨーロッパ、特にドイツでは、啓蒙主義の流れを汲み聖書やキリスト教の教義を歴史的かつ相対的なものと捉え、人間の主体的な解釈を強調する神学が生まれていた。自由主義神学（Liberal Theology）の誕生である[36]。その影響を受けることによって二つの系統に分派することになった。近代主義や啓蒙主義を容認する人たち（モダニスト）と、それらを否定して聖書批判に対抗する人たち（保守派あるいは根本主義者 fundamentalistと呼ばれる）である。前者は多少なりともリベラリズムを受け入れた人たちで、北部長老派、北部バプテスト、メソジストなどのメインライン諸教会に所属している。1940年代になると彼らの中の保守派が新福音主義を唱えた。そしてこの系統を継承するのが今日の福音派（evangelicals）である。他方後者は後に穏健派と、聖書の無謬性を強調する分離派に分かれた。そしてこれらの系統を引き継ぐのが今日の宗教右派で、1980年代以降、原理主義者と称されている[37]。

3.2　ビジネスへの福音派思想の影響

3.2.1　福音派の思想とその推移

　19世紀前半、アメリカには次のような独特の世界観が根付いていた。聖書は権威ある神の言葉であり、アメリカは「神の国」として建国された。そしてこの常識は正しかったから自分たちは独立できた、というものである[38]。そこには富や財産に関する「スチュワードシップ」と称される慣習的な考え方もあった。それによれば、人が手にした財産や富は神からその人に与えられたものであり、神の栄光のために、そして神によって造られた人びとのために用いられ管理されなければならないとするものである。ところがこの精神は、富を得た者が財産を所有すること、および財産の自由な活用による財産の増殖を是認する論理に変質していた。これに対してカルヴァン主義神学がお墨付きを与えたのである[39]。

　この変質を生ぜしめたと考えられる一因が「社会的進化論（Social Darwinism）」ある。この考え方は進化論を取り込んで人間社会のあり方にまで適用したもので、そこでは人間も自由競争を通じて進化し、より優れた者たちによって文明が進歩していくというものである。提唱者はイギリスの哲学者・社会学者ハーバート・スペンサーである。この考え方は結果的には自由競争と経済の自由放任を正当化する根拠とされ、経済的活動に関して無制限の自由を提供するものとなった[40]。しかし19世紀後半には、産業の飛躍的発展が起こり独占的力量をもつビッグビジネスも多数出現した。その結果、貧富の差が拡大し、大きな社会問題となった。そのためプロテスタント教会内でも社会問題の改善に力を注ごうとする主張が生まれた。社会的福音（Social Gospel）である[41]。

3.2.2　ビジネスへの影響

　宗教がビジネスに影響を及ぼしたであろう事態をより具体的な経営方策レベルで見てみよう。それはやはり労働と、財産の私有に関する領域に典型的に見られるのではなかろうか。前にも取り上げたとおり、カルヴァン主義神学では神から与えられた職業で労働に励み、労働の結果得られた財産は私的

な所有が許される。その上、その財産の活用による財産の増殖まで是認される。これは移民たちがヨーロッパから移民となってアメリカ大陸を目指すときに抱いていた「欲求」、豊かになりたいという欲求を、人間としての、そしてアメリカ国民としての最も尊重されるべき要因として容認する思想ではなかろうか[42]。ちなみに、これに関連する研究としてM. ヴェーバーの研究（『プロテスタンティズムの倫理と資本主義の精神』）がよく知られているが、それは禁欲的で勤勉なプロテスタントのもつ宗教的倫理と資本蓄積に着目したものである。これは次稿で改めて取り上げる。

　欲求に関する問題を具体例で見てみよう。アメリカの経営学説や経営制度において、労働に関連する諸問題が語られるとき、人間の「欲求」がキーワードにされるケースが多々あるようだ。たとえば動機付けの論理として取り上げられることの多いマズローの説では人間の欲求に着目して、これが五段階に分類されている。また労働の機会均等が主張されるとき、これを肯定する根拠として、人間の欲求充足は労働を通して行われるからだとされる。

　ではなぜ米国の経営においては「欲求」が重要なキーワードになるのであろうか。まだ仮説的な考察に過ぎないが、今後の研究への橋渡しとして少し考察してみよう。直接的な要因としては前にも指摘した移民たちの「豊かになりたい」という欲求も考慮されたかもしれない。しかしより根源的には17世紀以降のヨーロッパにおいて、特にデカルト以降明確になった理性主義的思考の発展が考えられる。そしてこの思想をベースとする啓蒙主義的思想が普及したことではなかろうか。人々は一方では神への畏れを感じつつも、他方では自分自身の思惟力や判断力への自信をしだいに高めていた。そして自己の精神や意思を形あるものに実現することへの欲求を高めていた。それは例えばドイツ観念論の発展の中にも見て取ることができる。

小　括

　「1.」では次のことが明らかになった。

　19世紀末から20世紀初期までの間は米国では革新主義（progressive）の時代と言われている。この間に産業構造にはめざましい発展と変革が生じ

た。そして経済思想にも大きな転換が起こった。古典的な自由主義思想からニュー・リベラルと呼ばれる思想への転換である。これを受けて経済学の分野でもその主流が飛躍的に転換する。静態的特徴を有する新古典派経済学から進化思想を取り入れた制度派経済学への転換である。この時代は社会全体を巻き込んだ構造的な地殻変動の時期であった。これらが後にニュー・ディールへと継承されて行く。その意味で、現代アメリカはこの時期に始まるとも言われている。ビジネスに関しては、この時期に多くのビッグビジネスが誕生し、経営学の誕生につながる新事態が進行し始めている。

「2.」では米国の思想を保守とリベラルという尺度で捉え、次のことを確認した。

① 保守であれリベラルであれ、双方とも「自由」をめぐって主張している点では共通している。

② 建国から19世紀半ば頃までは個人レベルの極端な自由を求める思想、いわゆるリバタリアン的主張が米国の思潮であったと言えよう。しかしこの思想は自由の享受者に大幅な格差をもたらした。

③ そのため19世紀末から20世紀初頭にかけて、より多くの人たちが自由を享受できるようにすることを目的として、政府による部分的な介入も容認する主張がなされるようになった。ニュー・リベラリズムであり、この思想は1960年代まで米国思潮の主流を占めた。

④ その後、リバタリアン的主張が勢力を再拡大し、レーガンを大統領にすることに成功した。ビジネスの分野では大幅な規制緩和や減税などが実施され、出資者・株主へのリターン最大化を目標とすべきだとする思潮が強い勢力を獲得した。しかしこの思想は再び貧富の格差拡大などの社会問題を生み出している。

⑤ 株式会社を株主の利殖手段とみなす思想がアメリカ主導で拡散している。

「3.」では宗教の側面から次のことが明らかになった。

① 米国における福音派は、「聖書の絶対的真理性」と「キリストの十字架による罪のあがない」を積極的に認めている。彼らはアメリカが神の国だ

と信じ、聖書の記述内容がアメリカにおいて実現されると信じている。

② 聖書信仰と新生体験は彼らに米国民としてのアイデンティティを形成する働きもしている。

③ 彼らの信仰が進化論と結合したとき、それは自由競争と、経済活動の自由放任を容認するものとなった。そして、ビジネスの具体的方策が人間の「欲求」をベースにして構築される土壌の形成に寄与していると考えられる。

本章全体を通して明らかになったことは下記の点である。

① 19世紀後半には三つの側面に関連した転換が生じている。急速な経済発展によって市場は拡大した。しかし独占企業の形成によって貧富の差も拡大し倫理的頽廃も顕著になった。

② このような状況を踏まえてニュー・リベラリズムが生まれ、経済学も古典派的発想から脱して制度派経済学を生み出した。プロテスタント教会にも古典的自由主義を助長する傾向があったことを反省し、「社会的福音」への軌道修正が行われている。

③ ニュー・リベラリズムの流れは概して1960年代まで継続されたが、その矛盾が露呈し、その後は古典的自由主義の再登場が見られる。その結果、ビジネスを私的な営利活動として政府の介入を排除する傾向が顕著になり、今もその動向の中にある。

今後は、経営に取り組む姿勢や、より具体的な方策について、その根底思想を探求したい。たとえば下記のような項目である。

① 自然人としての個人と法人観

② 組織観、組織形成の原理

③ 労働観、仕事観

④ 白人の人種的・民族的優越意識

⑤ 市場支配思想

注

1）田中敏弘『アメリカの経済思想』名古屋大学出版会、2002年、59, 83頁。

2）高　哲男著『現代アメリカ経済思想の起源』名古屋大学出版会、2004年、1
頁参照。

3）田中敏弘、前掲書、第1章参照。

4）高　哲男著、前掲書、4‐6, 22頁。ならびに青木保憲著『アメリカ福音派の
歴史―聖書信仰にみるアメリカ人のアイデンティティ』明石書房、2012年、59
頁参照。

5）高　哲男著、前掲書、85頁参照。ちなみに米国で反トラスト法のはしりとな
るシャーマン法は1890年に成立している。

6）高　哲男著、前掲書、はしがき、および7, 22, 32頁参照。

7）高　哲男著、前掲書、はしがき参照。

8）田中敏弘、前掲書、84-86頁参照。

9）田中敏弘、前掲書、第4章参照。

10）高　哲男著、前掲書、29-29, 238頁参照。

11）田中敏弘、前掲書、114頁参照。

12）田中敏弘、前掲書、113-122頁参照。

13）田中敏弘、前掲書、139頁参照。

14）高　哲男著、前掲書、29-32, 238頁参照。

15）田中敏弘、前掲書、第8章の3。

16）R. Bartels、"The History of Marketing Thought" 2nd Edition、1976. R. バーテ
ルズ著、山中豊国訳『マーケティング理論の発展』ミネルヴァ書房、1980年参照。

17）会田弘継著『増補改訂版、追跡・アメリカの思想家たち』中央公論新社、
2016年、21, 132, 299頁参照。

18）https://www.weblio.jp/wkpja/content/.

19）岡田行正著『新版　アメリカ人事管理・人的資源管理史』同文舘出版、平成
20年、第5章参照。

20）レーガン大統領は「政府は問題の解決にならない。政府こそが問題だ」と言っ
ている（会田弘継著、前掲書、133頁参照）。

21）会田弘継著、前掲書、26, 41, 158頁参照。

22）日本経済新聞、2018年12月27日参照。

23）高岡義幸著『持続的成長のためのコーポレート・ガバナンス―株式会社設計思想からの考察』広島経済大学出版会、平成27年 9 月参照。

24）勝部伸夫「会社支配と種類株式―グーグルとアリババの事例を中心として―」熊本学園大学経済論集、第23巻第 1 - 4 合併号、2017年 3 月参照。

25）高岡義幸著、前掲書参照。

26）前掲、日本経済新聞参照。

27）https://ja.wikipedia.org/wiki/

28）青木保憲著、前掲書、7 - 8 , 13頁参照。

29）青木保憲著、前掲書、30, 56-57頁参照。

30）青木保憲著、前掲書、482-483頁参照。

31）青木保憲著、前掲書、475頁参照。

32）森　孝一「第 4 章　宗教」五十嵐武士・油井大三郎編『アメリカ研究入門 [第 3 版]』東京大学出版会、2003年、56頁参照。青木保憲著、前掲書、479頁参照。

33）森　孝一、前掲論文、56頁。青木保憲著、前掲書、479-482頁参照。

34）青木保憲著、前掲書、480-481頁参照。

35）Franklin L. Baumer "Modern European Thought―Continuity and Change in Ideas, 1600-1950―", Maxwell Macmillan International Publishing, 1977. 高岡義幸著「近現代ヨーロッパ思想に見る、神、自然、人間、社会、歴史に関するアイデアの変遷―経営学の根底思想としての把握」広島経済大学経済研究論集、第40巻第 4 号、2018年 3 月。

36）青木保憲著、前掲書、66頁参照。

37）青木保憲著、前掲書、第 1 ～ 2 章参照。

38）青木保憲著、前掲書、66-70頁参照。

39）青木保憲著、前掲書、104-105頁参照。

40）青木保憲著、前掲書、58-59頁参照。

41）青木保憲著、前掲書、102-104頁参照。

42）佐藤久直著『西欧思想とアメリカの行動原理』東京図書出版会、2004年参照。

第5章　プラグマティズムの特徴と意義

導　入

　プラグマティズムという名称自体は日本においても比較的知られているようだ。米国発の学説や方策に対しては格別の評価を与える傾向のある日本社会ならではであろうか。ところが、プラグマティズムに関してはその真意がどれほど理解されているのか疑わしい。ましてやその実践ともなると全く分からない。この語が日本語に翻訳される際には通例、実用主義あるいは実践主義などの言葉に置き換えられるようだから、現場の経験の形式知化を重視するように教育される傾向のある日本社会では、ややもすれば「ああ、それなら自分もすでに実行している」と早合点されてしまうのかもしれない。

　しかしながらプラグマティズムはそのような受動的なものではない。広い意味では経験論の考え方を継承しているが、経験や行動の位置づけは全く逆転されている。経験は環境に対する挑戦あるいは新たな成果の実現を目的とした実験過程と位置づけられている。そして理性や知識は行動のための道具とされている。

　さて、本章ではプラグマティズムを唱えた人達の中から初期の三人の説を取り上げている。これらは今では古典的プラグマティズムと言われているようだが、本章がプラグマティズム元来の発想と内容を捉えることを目的としているので、そのためにはこれら三人の主張を読み解くのがふさわしいと考えた。

1．主要三者の主張内容

1.1　いつ、誰が唱えたか

　プラグマティズムは1870年代に形成されたハーバード大学の私的な形而上学クラブの活動に起源を有する思想と言われている[1]。創始者とされている

のがC. S. パース（1839-1914）であり、これを継承して普及・発展に努めたのが主唱者とされているW. ジェイムズ（1842-1910）である。続いて20世紀前半に、パースの探究理論を再び体系化し、新たな内容を付加してこの哲学を集大成したのがJ. デューイ（1859-1952）である。これら三者が唱えた内容は、今では「古典的プラグマティズム」と呼ばれている。

　20世紀初期に入ると、プラグマティズムの思潮はいったん哲学の表舞台から退き、1930年代半ばからは論理実証主義が厳密な論証方法でもって影響力を高めた。論理実証主義では方法として「観察」が重視されたが、しかし観察自体が理論を前提にしているということが指摘されるにしたがって、プラグマティズムはネオ・プラグマティズムとしてアメリカ哲学会に再登場する。その論者達は知識形成を社会的な行動としての「会話」によって基礎づけようとした。このように19世紀半ば以降のアメリカにおける哲学の辿った道は古典的プラグマティズムから論理実証主義へ、そしてその後改めてネオ・プラグマティズムへという変遷として捉えることができる[2]。

　ただ本章においてはプラグマティズムの基本的発想と特徴を捉えることを目的としているので、古典的プラグマティズムと位置づけられている上記の三者の主張内容を中心に考察を行い、その後の発展の考察は今後の課題としておく。

1．2　C. S. パース（1839-1914）の主張

　プラグマティズムという語は1878年にパースによってはじめて哲学に導入された。その語源は「行為」を意味するギリシャ語のpragmaに由来するものである。パースはかねがね「形而上学の大部分は一掃すべきだ」と考えていたようで、カントの『純粋理性批判』に対する反省に基づいてこの実践的な法則を考案している。具体的に言えば、経験に基づかない純粋理性の理念にのみ基づく法則を不十分とし、逆に経験に基づく法則、言い換えれば「これこれの実験をすれば、しかじかの観察可能な結果が得られる」との論理に基づく法則を提案している[3]。

　パースがプラグマティズムの基本的考え方を示すものとして提示した「プ

ラグマティック・マクシム（守るべき規則）」の原文は下記のとおりである。

Consider what effects, that might conceivably have practical bearings, we conceive the object of our conception to have. Then, our conception of these effects is the whole of our conception of the object.

『ポピュラー・サイエンス・マンスリー』1月号、1878年。

　分かりにくい文章であるが、ジェイムズの解釈をふまえてその趣旨を判断すれば、このマクシムの意味は次のとおりであろう。

　「ある対象に関するわれわれの思想を明らかにするには、その対象がどれくらいの実際的な結果をもたらすかを考えてみればよい。これらの結果についてわれわれのもつ概念こそ、その対象についてのわれわれの概念に他ならない」。パースは「ある対象に対するわれわれの信念こそ本当にわれわれの行動を支配するものだ」と指摘し、「その信念・思想の意義はその対象がどれほど実際的な結果をもたらすか、そしてその結果をわれわれがどう評価するか」によると言っている[4]。要するに、対象に対する信念→信念に基づく実践・行動→行動の結果→この結果の評価という一連の思考と行動にこそ本当の意義があると指摘しているものと考えられる。

　パースは人間の直感する能力を疑っていたようだ。その意味で彼のスタンスは反デカルト主義であり、反理性主義だと言うことができよう。彼のプラグマティズムは上記のとおり1870年代に形成されているが、その反デカルト主義的思想のルーツはこれよりも以前すでに1860年代の論文でも示されており、観念と内観を軸とするデカルト的認識のモデルを批判している。パースによれば、われわれの思考過程は信念と懐疑のダイナミックな交代の過程である[5]。

　パースは真理に関して次のように述べている。探究する全ての人が究極において同意するよう定められている意見こそ真理という言葉の意味するところであり、こうした意見によって表現されている対象こそ実在に他ならない。パースのプラグマティズムは実質的な行為と成果に重点を置く実際主義

であったと言うことができようか[6]。

1.3　W. ジェイムズ（1842-1910）の主張

1.3.1　当時の米国における哲学に関するジェイムズの見解

　ジェイムズはパースの説を批判的に継承したと言われている。彼の著した『プラグマティズム』（W. ジェイムズ著、桝田啓三郎訳、岩波書店、2020年）の内容を中心に確認してみよう。

　彼が研究対象を哲学に定めたとき、米国ではすでにパースによってプラグマティズムが提唱されていた。これを見てジェイムズは、当時、哲学の世界に新しい黎明が明け初めようとしていると考えていたようだ。プラグマティズムという新たな哲学を提唱するに当たって、まず大局的な視点から米国における学問の状況を批判的に述べている。その要点を抜粋すれば下記のとおりである。

　かつて哲学者達は固定的原理、閉鎖体系、絶対者や根源などに依拠していた。これまで科学的方法によって数学や論理学や自然界における斉一性の関係、すなわち法則が発見されるとそのあまりの明瞭さ、美しさ、単純さに魅了されて、人びとは全能なる神の永遠の思想を誤りなく判読し得たものと信じた。ケプラーの法則も神が創造したものとされたのであった。だからこれら神の設定物のどれか一つでも発見すると、われわれは神の御心の内にある誠の意図そのものを知ることになると考えたのであった[7]。

　しかし、科学がさらに進歩を遂げるにつれて、われわれの有する法則の大部分、いやおそらく全ては単に近似的なものに過ぎないという考えが有力になってきた。しかも幾多の相対立する諸説が唱えられるようになると、研究者はどの学説も唯一絶対の実在を写したものではなく、ただある見地から見れば有用であり得るというにすぎないと考えるようになってきた。このようにして人間の恣意が科学的論理学から神的な必然性を駆逐してしまった[8]。

　ジェイムズは何が哲学にとって本質的なことと考えたのであろうか。それは事物の観察であると彼は言う。自分独自の方法でまっすぐ見ることだ。言い換えれば、気質的な観察である。今後はこれが重要になるという。気質の

差異は文学においても芸術においても重要な役割を果たしており、哲学の歴史もその大部分が人間の気質の衝突とも言うべきものの歴史であると言う。彼はこの気質の衝突を重要な要因と見なし、これによって哲学者たちの差異を説明しようと考えている。具体的な例として「合理論者」と「経験論者」の対立を取り上げ、両者の違いを下記のように指摘している[9]。

合理論者	経験論者
抽象的な永遠の原理に依拠	ありのままの雑多な事実に依拠
主知主義的：柔らかい心の人	感覚論的：硬い心の人
観念論的	唯物論的
楽観論的	悲観論的
宗教的	非宗教的
自由意志論的	宿命論的
一元論的	多元論的
独断的	懐疑的

　この尺度を用いると、ジェイムズの哲学の基調は下記のように言えよう。
　第1には経験論の思想を継承したものである。
　第2には単に理論的な哲学ではなく、生き方に関わる実践的・行動的な性格の哲学である。
　第3には行動に際しては自己の信念を重視する哲学である。
　このような哲学が可能となるためには「人間の意志の自由」が確立されねばならなかった。因果論的決定論ではなく自由意志的決定論こそ真の哲学であるとジェイムズは言う。プラグマティズムの哲学は事実との密接な関係を保つ。抽象的概念を斥け、固定的原理、絶対者や根源などには一顧だにせず、具体的なもの、事実、行動に向かう。全て実在するものはわれわれの実行の上に影響を及ぼすもので、この影響こそわれわれにとっての意味である。したがって哲学上の論争もこれを具体的な結果で判断すればよいとジェイムズは強調する[10]。

　また、合理論とプラグマティズムとの決定的な相違点として次のような説明がなされている。合理論では、実在は永遠の昔から完全に出来上がったものとして厳に存在している。そこでは観念の真理性はわれわれの経験と何ら関わりをもたない。真理は経験の内容に何一つ付け加えはしない。真理は天来のもの、無活動で静的なもの、単なる反省に過ぎない。真理は現実に依存しない。真理は事実や事実の関係などとは別の次元に属している。合理論は後方を振り向いて過去の永遠に面を向けている。合理論的な心の人は純粋ではあるがしかし非現実的な体系を作ってこれに満足している[11]。

　これに対してプラグマティズムは前方に面を向ける。真の観念はわれわれが同化し、効力あらしめ、確認し、そして検証することのできる観念である。一つの観念の真理はその観念に内属する動かぬ性質などではない。真理は観念に起こってくるものである。真理の真理性は事実において、一つの出来事、一つの過程にある。真の観念の実際的価値はその対象がわれわれに対して有する実際的な重要さに由来する。真理であるから有用であり、有用であるから真理である。そしてジェイムズによれば、真理は諸事実の中で形成される諸信念の関数である[12]。

　合理論とプラグマティズムとの差異を端的に言えば、合理論では実在は永遠の昔から出来上がっていて完全なものとされる。これに対してプラグマティズムでは、実在はなお形成されつつあるもので、その仕上げを未来に託している。観念論哲学はあまりにも主知主義的すぎる。古風な有神論は神を量り知れない、あるいは理屈では分からない沢山の属性からできていて、どこか高いところにいる君主のように考えていた。しかしこの有神論も万物の内に神の巧みな設計を見ようとする論法によって強力に支えられていた間はまだしも具体的な現実との接触をいくらか保っていた。ところが、ダーウィン説が、ひとたび神的理性が色濃く残された学問から神の設計などというものを取り除いてからは、有神論はその足場を失ってしまった。そのためその後は、天の上でなく事物の中で働く汎神論的神、観念論的汎神論の方向に向かっている。しかしこれでもなお、事実がどうあろうと、絶対者が事実を生み出すと考える絶対主義だとジェイムズは言う[13]。

これに対して、プラグマティズムの最も納得しうる特徴は具体性と事実への近接性にある。経験の対象となりうるものは全て現実的であり、経験の対象となり得ないものは事実と認められない。これはジェイムズの根本的経験論である。ただしそれは唯物論的偏見をもつ経験論ではない。プラグマティズムは、われわれの精神とわれわれの経験とが相携えて作り出す結論にこそ信頼を置く。要するに、ジェイムズが求めた哲学は単に理論的な哲学ではなく、むしろ生き方に関わる実践的、行動的な性格の哲学である。経験を要件とし、知性よりも信念を重んずる哲学である。これがジェイムズの哲学の基調と言えよう[14]。

1.3.2 真理観

1) 比較対象としての実証主義的真理観[15]

プラグマティズムの真理観をより浮き彫りにするために、実証主義で言われる真理観をまず確認しておこう。それは下記のとおりである。

① 真理は観察されるものの中にあり、われわれとは無関係な客観の側にある。

② 真理は本質的に不活動な静的な関係を意味する。

③ 観測される事実は、主観から独立した純粋に客観的な実在である。

このような真理、あるいは実在である観察対象への直面が実証とされる。しかし実証には次のような困難がある。その一つは、観察には主観の関与が避けられないことであり、いまひとつは観察対象から読み取るものも既得の知識に左右されることである。

2) プラグマティズムの真理観[16]

ジェイムズは上記の実証主義的真理観を否定し、次のような真理観を提示している。

① 真理は実在についての信念である。

② 真の観念とは、われわれが同化し、効果あらしめ、確認し、そして検証することのできる観念である。

③ 真理とは一つの観念に内属する動かぬ性質などではなく、観念にした

がって行為・実践し、そこから出てくる結果がわれわれにとって実際的な
重要性・有用性をもつことが確認されるとき、その観念は真理とされる。

④　実在とか対象とか言われるものは、常識で言う事物すなわち感覚に現れ
てくるもの、あるいはその他の常識的な諸関係を意味する。

⑤　問題解決という経験上の役割を果たすという意味での有用性を介しては
じめて真理となる。

⑥　観念の対象に操作を加えることから予測される経験・結果が期待どおり
獲得されるとき、その観念が真となる。

　上記のとおり、ジェイムズの言う真理とは、われわれのもつある観念の性
質である。言い換えれば、観念と実在との一致を意味している。「実在」と
は、例えば日時、場所、距離、種類、活動などである。「一致」とは何か。
現在ある観念から未来の目的物までの過程が滞りなく進行するとき、観念と
実在が一致するという。この一致をもたらす導きの機能こそ「観念の真理
化」あるいは「観念の効力化」である。一つの観念の真理性とはその観念に
内属する動かぬ性質などではなく、実際の行為、出来事によって効力化され
た帰結を見ることである。したがって真の観念とはわれわれが同化し、効力
あらしめ、確認し、そして検証することのできる観念を意味する[17]。

　真の観念の実際的価値は、その対象がわれわれに対して実際的な重要さを
有するからである。真の思想を所有するということは、行為のための貴重な
道具を所有していることだ。真の信念をもつとき、有用性のある実在に望み
を嘱することが可能となる。真理であるから有用であり、またそれは有用で
あるから真理となるのだ。真とはいかなる観念にせよ、真理化の過程を惹き
起こすような観念のことであり、有用とはその観念が経験の内で真理化の作
用を完成したことを表す名前である。心の真理とは導かれていく価値のある
方向へわれわれを導いていくという機能を言うのである[18]。

　真理は経験の経過する内に作られる。真理は大部分が以前の諸真理から作
られる。人びとの信念にはおびただしい経験が活かされている。しかしその
信念は世界の経験の総額の一部分である。だから実在も真理も変易の過程の
内にある。われわれは今日は今日得られる真理によって生きねばならない。

今日の真理も明日には虚偽となるかもしれない。いまひと言追加するなら、ジェイムズはわれわれの真理も人間の作った産物であるという考え方を擁護している。ジェイムズの真理観は観察から影響を受けるものであるが、最終的には観察者の「気質」の構えに負うところが大きい。これがジェイムズのプラグマティズムの特徴のひとつである。ジェイムズは有用性の範囲の限界を認め、この限界を超えた次元に開ける実在を認めた。これが「純粋経験」である[19]。

1.3.3　多元主義[20]

　現代哲学における存在論としての多元主義はジェイムズによって先鞭を付けられたとみることができるようだ。彼は当時、世界の中に見いだされる多様な関係性は様々な異種的関係性からできており、世界全体を汎通的に統括するような一通りの論理は何もないと考えた。イギリスやアメリカで大きな支持を得ていたヘーゲル主義や新ヘーゲル主義と対抗しようとしたのであろう。

1.3.4　パース説とジェイムズ説の比較[21]

　ジェイムズの説はパースに由来する。しかし両者の見解の間には下記のような極めて本質的な差異がある。

1）プラグマティズムの性格に関して：

　パースの主張においてはプラグマティズムは科学的論理学の一つの方法である。しかしジェイムズはプラグマティズムを哲学の一つの方法と受け取った。そして、それを哲学上の相対立する学説を調停する一つの方法とした。さらにそれを真理論として発展させた。これはパースの思想の一面を徳の面から強調したものであったとも考えられる。

　今日のプラグマティズムがあくまでも一つの科学的論理学、論理実証主義として自己を主張しているのは、ジェイムズによって一般哲学化されたものを、パースが唱えた本来のプラグマティズムの精神に引き戻そうとするものとも言えよう。

2）真理の確定において：

　パースは探究（inquiry）を重視したが、ジェイムズは心理的な気質（temparament）を重視した。客観的データではなく、こちら側の知の体系である「信念」に真理があるとする点では共通している。いわゆる真理の相対化である。しかしパースが信念は探究によって洗練されるとしたのに対し、ジェイムズは信念が気質によって裏付けられるとした。

1.4　J. デューイ（1859-1952）の主張

1.4.1　生きた時代の状況

　彼が誕生した南北戦争終結後の米国では急速な経済発展が見られた。それは農業中心の社会から工業中心の社会への転換をベースとしており、そこでは大規模企業の増大と、その影響力の顕著な高まりが見られた。国民の間では経済格差の拡大が見られ、アメリカ社会の分裂と対立が大きな社会問題となった。その結果、建国以来の基本的政策であった自由と平等が享受できない国民が増大した。革新主義的な運動が発生し、そのうねりは拡大した。従来の自由放任的な政策も見直しを余儀なくされ、新たな自由概念である「リベラリズム」が誕生したことは周知のとおりである。

　多くの分野で社会的問題解決のために、人間が知性と行動によって取り組むことの必要性が主張された。ビジネスの分野では大量生産体制の実現のために科学的な管理方策が体系的に形成され普及した。学問の分野ではその知識を問題解決のために活用することの重要性が主張された。

1.4.2　学問観とプラグマティズム[22]

　デューイは古代ギリシア以来の西洋の哲学の歴史を批判的に考察し、それが「観察者・傍観者」としての認識者というイメージにとらわれた思想伝統であることを指摘した。そしてこの伝統的な哲学を全面的に展開したデカルト、ならびにそれを継承してその不安定さを露呈したカントなどの認識を批判した。

　伝統的な西洋近代の哲学・学問では、知ることは中立・公正な立場から世

界を「傍観すること」にたとえられてきた。そのため知性の役割が実在の真なる様相を表象した観念を知る活動とされてきた。その結果、知性は不変の世界に関与することに限定され、哲学は純粋な知的活動にすぎなかった。知性によって知識と思考と行動を結びつけることはなかった。

これに対して、デューイはプラグマティズムの立場から、知識は問題を解決するのに役立つ道具のようなものであるべきだとした。また人間は現実世界の状況の中で問題解決に知性的に取り組む行為者でなければならないと主張した。人間にできることとして不確実性を引き受けつつも、自らの知性をたのみとしてよく調べてよく考え、問題解決に向けて計画的に行動することの重要性を強調した。そして問題の解決を導くための知的原理と方法の究明に努めた。

その方法としてはプラグマティズムの伝統である帰結主義すなわち観念に導かれた行動が生み出す結果によって観念の価値を判定する方法を採用した。具体的には知識を使用して状況を調べ、次に行動の方法をよく考えて計画的に行動を導くという新たな知的方法を提唱した。人間が自らの知性によって知識と思考と行動とを結びつければ現実世界における問題を解決することも可能であるとした。

デューイは20世紀前半にプラグマティズムを完成したと言われているが、彼の方法は道具主義、実験主義と呼ばれている。道具主義的知識論では、知識とは問題解決の確実性を高めるために使用される道具であるとされる。これは知識の価値の転換に他ならない。知識の価値は行動の目的に対する効果によって決定され、目的に対して相対的である。結果は思考における知識の使用方法に帰せられ、知識の示す内容は蓋然的である。またどのような知識にも絶対的に正しいものなどなく、物事の真偽は相対的なものに過ぎないとした。

1.4.3　真理観[23]

われわれの観念や信念が「真理」とされるのは、この観念（それ自身われわれの経験の一部分に過ぎないものであるが）によってわれわれの経験の他

の部分との満足な関係が保たれうるからである。これは科学において言われる真理と全く同一のものである。

　一つの理論が真であるか否かは、その理論が最小の動揺と最大の連続性という問題をどの程度に解決し得ているかに比例して計られる。言い換えれば、新しい意見は、それが新しい経験を、ストックされている信念に同化せしめようとする個人の要求を満足させる程度に正比例して「真」と考えられる。新しい観念はその働く力によって自ら真となる。真理とは「満足」を与えるものである。

2. プラグマティズムの要因と新規性

2.1　根底思想としての新しい経験論

　まず最も基礎的な存在論、認識論レベルの思想に着目すると、プラグマティズムは経験論をベースとする思想と言われている。これは合理論と対立する思想であり、また論者の名前で言うなら反デカルト主義の思想である。合理論は真理を探究するに際して、万物の創造主とされる神に由来する理性に根拠を求めた。そのため、合理論で言う真理では絶対的で不変の妥当性が強調される。これに対してプラグマティズムでは人間の経験・感覚を根拠とする真理の探究が行われるため、真理は変化・発展するものであり、経験の蓄積に応じて修正される。

　ただ経験論とは言っても初期のものとは違って「経験」観は新しくなっている。古い経験論では経験概念に感覚中心的偏向や受動的色彩があり、経験は知識形成のための出発点であり、対象に対する受動的な観察と位置づけられていた。しかしプラグマティズムにおいては、経験が環境に対する人間の挑戦あるいは行動と結びついた実践過程とされている。そのため経験は理性や知識の素材の位置に転化されている。また科学の方法も、これを決定論として全面的に拒否するのではなく、むしろ具体的経験の中で、より有用性の高い結果を実現するための方法・手段と位置づけられている[24]。

2.2　不可欠の要素としての実践・行動

　人間の経験を蓄積する過程で真理が修正され確認されると想定されている
ため、実際に行動し実践してみることが不可欠の要素となる。行動に踏み切
る際の決断は当事者が有する知識から形成される仮説・見込み、ジェイムズ
の用語で言えば観念に基づいてなされる。別の言葉で言えば当人の信念に基
づいてなされる。そのため実践・行動は実験としての意味も有するものとな
る。

2.3　実践の根本的動機

　人間がある行動に踏み切るときの根本動機は、直面する問題の解決のため
である。われわれを取り巻く自然環境も社会環境も時々刻々と変化してい
る。そのためわれわれは絶えることのない困難・問題に直面し、これを解決
しながら生きていかなければならない。問題を解決するためにはそれまでに
蓄積されている知識を活用するほかはない。したがってプラグマティズムの
立場から見れば、知識は実践を予定するものでなければならず、問題解決を
実現する実際の効果を期待できるものでなければならない。

2.4　真理の要件：結果、有用性、満足

　蓄積された経験や知識およびそれが内包する因果関係が真理だと言われる
ためには、それが実際に問題解決という結果をもたらすものでなければなら
ない。言い換えれば、問題解決という効果、有用性をもつものでなければな
らず、それが実行者に満足を与えるものでなければならない。ジェイムズに
よれば、プラグマティズムが真理を定める唯一の根拠は、われわれを導く上
で最もよく働くもの、生活のどの部分にも一番よく適合して、経験の諸要求
をどれ一つ残さずに、その全体と結びつくものとしている。これがプラグマ
ティズムで言われる真理の要件である[25]。

　ただ、効果とか有用性を判定する際には、当事者の価値観や気質が関与す
ることは避けられない。そのためジェイムズは真理の判定における気質の重
要性をも強調しており、われわれの精神と経験とが相携えて作り出す結論を

尊重すると言っている[26]。

2.5　人間の能力の限界：失敗、可謬性

人間の認識能力には限界があることが前提とされている。そのため人間には誤謬を犯す可能性が常に伴っていると考える。したがってある時点で真理とされる結果に対してもこれを絶対的なものとせず、現実の問題を解決するためのより良い実践・探究を重ねることの重要性が強調される。ちなみに、経営学においてしばしば強調されるPDCAといわれる方策もこのような発想から考案されたものであろうか。

2.6　プラグマティズムが提唱された思想的要因

思想的要因はそれだけで実に大きなテーマであるため、掘り下げれば膨大な研究を要するであろう。ただ、ここではプラグマティズムの性格を知るために最低限必要と考えられる事項とレベルに止めておきたい。この目標に到達するために下記の三つの点に着目した。

① 　経済的成功による自信
② 　決定論への反発
③ 　進化論の影響

2.6.1　経済的成功による自信の高揚

1）19世紀前半の産業革命、経済発展

米国では18世紀以来、合理主義の普及と継承が行われ、科学的方法に基づく諸研究、ならびにその成果である諸法則を応用した産業形成と社会形成が行われた。19世紀前半に産業革命が実現されたのはその何よりの成果であろう。このような状況の中で、米国の人びとは自分達の能力と自分たちの国の明るい未来に対する自信を強めたに違いない。科学は超自然的な楽園は破壊したが、地上に新たな楽園を作ることを可能にしたとも言われている。合理主義は確かに近代科学の発達を可能にした思考様式ではあった。

2.6.2　決定論への反発

1）機械論的説明と決定論への反発

　科学的方法に基づく行動は1つのジレンマを内包していた。決定論はともすれば運命論とも捉えられかねないからだ。科学的方法において強調される実証主義や機械論的説明による決定論の普及は人びとにもどかしさや閉塞感ももたらした。このような閉塞感を打破しようとしてヨーロッパではいわゆるロマン主義思想が生まれたが、同様な社会状況は当然米国においても生じていた。

2）開拓者的自由意志に反する決定論

　19世紀半ばの米国と言えば南北戦争が終結し、国家再建が大きな課題となっていた時代である。このような状況において運命論と受けとめられた決定論思想は課題遂行の阻害要因となりうる。そのため新たな可能性や発展が確信できる思想が求められたのは当然であろう。

　前に挙げた「形而上学クラブ」ではプラトン以来欧米の思想に影響を与え続けてきた哲学的発想から脱すること、言い換えれば過去と未来の全てを因果論的に予測できるとする決定論から脱することを目指した議論がなされていた。具体的には、人びとの信念およびこれに基づく行動を重視する議論である。プラグマティズムの誕生と発展に貢献したパースとジェイムズもこの会のメンバーであった。

2.6.3　進化論の影響

　ダーウィンの提唱した説は人間と動物との境界を取り払うことによって自然から神の「意向」を追放した。そのためこれが社会に衝撃的な反響を呼び起こしたことは周知のとおりである。

　しかしダーウィン学説では新しい環境においてはこれに適応した新たな種が生まれることが示された。これは人びとに新たな創造の可能性を示すものであったに違いない。旧来の静的な実証主義から動的な実証主義への変化である。そのため進化論はほどなく科学者達にも、また社会にも受け入れられた。そして「進化」と「自然淘汰」は19世紀後半には日常用語となってい

た。科学主義とロマン主義との混合による「進歩への信仰」が具体的な形で示されたとも言えよう。

19世紀後半には確かに決定論への不満と反発はあった。しかし米国にもヨーロッパにも合理主義や科学技術への信頼は衰えることなく生き続けていた。科学に対する道具主義的なアプローチである。デューイの主張はこのような動向の中で生まれたものと考えられる。

小　括

本章の考察によって、米国固有の哲学と言われるプラグマティズムの特徴と意義を捉えることができた。この哲学の経営への効果を推測してみるに、それは新しいモノを生み出す意欲の鼓舞であり、失敗をも進歩の契機として組み込んでいる現実性ではなかろうか。米国においては、確かに新しい知識やモノあるいはサービスが次々に生み出されている。創造性豊かなその行動を起こさせる大きな要因はこの哲学ではないかと改めて考える。

企業競争力を決定する要因として最も重要なものは独創性豊かな商品であり、さらに言えばそれを生み出す知恵であると言われて久しい。この点において現在の日本の文系と言われる分野は必ずしも優れているとは言えそうもない。何が欠けているのだろうか。いくつもの要因が指摘できようが、中でも個人個人の自由な発想を抑圧せず、逆に面白がる柔軟なメンタリティは不可欠ではなかろうか。いまひとつは、失敗や欠陥が発見されたときに、その原因究明を抑圧せず徹底的に究明を行って改善することであろう。そもそもこの世界に完璧など存在しないのだから。

注

1）魚津郁夫著『プラグマティズムの思想』筑摩書房、2006年、63頁。

2）江川　晃著「科学哲学」加賀裕郎、高頭直樹、新　茂之編『プラグマティズムを学ぶ人のために』世界思想社、2017年、173-174頁。

3）W. ジェイムズ著、桝田啓三郎訳『プラグマティズム』岩波書店、2020年、52〜53頁。魚津郁夫著、前掲書、78-79頁。『アメリカを動かす思想—プラグマ

ティズム入門』講談社、2012年、23-24頁。

4）W. ジェイムズ著、桝田啓三郎訳、前掲書、52-53頁。

5）伊藤邦武著「現代哲学におけるプラグマティズムの位置づけ」加賀裕郎、高頭直樹、新　茂之編、前掲書、13-14頁。

6）新　茂之著「パース」加賀裕郎、高頭直樹、新　茂之編、前掲書、39頁。

7）W. ジェイムズ著、桝田啓三郎訳、前掲書、58, 63, 316頁。小川仁志著、前掲書、16頁。

8）W. ジェイムズ著、桝田啓三郎訳、前掲書、63-64頁。

9）W. ジェイムズ著、桝田啓三郎訳、前掲書、14-17頁。

10）W. ジェイムズ著、桝田啓三郎訳、前掲書、17-20, 312-314, 22, 48, 54-58頁。

11）W. ジェイムズ著、桝田啓三郎訳、前掲書、31頁。

12）W. ジェイムズ著、桝田啓三郎訳、前掲書、200-226頁。

13）W. ジェイムズ著、桝田啓三郎訳、前掲書、258, 76-78頁。

14）W. ジェイムズ著、桝田啓三郎訳、前掲書、78-80, 314-315頁。

15）沖永宜司著「ジェイムズ」加賀裕郎、高頭直樹、新　茂之編、前掲書、46-48頁。

16）W. ジェイムズ著、桝田啓三郎訳、前掲書、200-205, 243頁。魚津郁夫著、前掲書、143-147。

17）W. ジェイムズ著、桝田啓三郎訳、前掲書、197-205, 215-216頁。

18）W. ジェイムズ著、桝田啓三郎訳、前掲書、201-204頁。

19）W. ジェイムズ著、桝田啓三郎訳、前掲書、241-242頁。沖永宜司著「ジェイムズ」加賀裕郎、高頭直樹、新　茂之編、前掲書、48, 56頁。

20）W. ジェイムズ著、桝田啓三郎訳、前掲書、259-270頁。

21）W. ジェイムズ著、桝田啓三郎訳、前掲書、317-320頁。沖永宜司著、前掲論文、加賀裕郎、高頭直樹、新　茂之編、前掲書、49-56頁。

22）伊藤邦武著、前掲論文、藤井千春著「デューイ」加賀裕郎、高頭直樹、新　茂之編、前掲書、15, 62〜66頁。

23）W. ジェイムズ著、桝田啓三郎訳、前掲書、65-71, 235頁。

24）『哲学事典』平凡社、1982年。1205-1206頁、藤井千春「デューイ」加賀裕郎

他編、前掲書、67頁。

25）W. ジェイムズ著、桝田啓三郎訳、前掲書、88-89頁。

26）W. ジェイムズ著、桝田啓三郎訳、前掲書、225,80頁。

第6章 米国経営における科学的思考および宗教

導 入

　第5章で確認したとおり、プラグマティズム誕生の背景には当時の決定論による閉塞感を打破して、新たな可能性を打ち出そうという意図があったと考えられる。実は19世紀には米国においてもロマン主義的主張の台頭は見られたが、科学的知識とその応用への関心は根強く継承されていた。そして米国経営はその後科学的アプローチを積極的に導入することによってその有効性を向上させた。本章ではまず近代科学の方法をその誕生から論理的に再確認し、その上で米国経営と科学的方法の強い結びつきおよび宗教との関係を確認してみたい。

1. 『方法序説』にみるデカルトの思想

1.1 デカルトの主張の枠組み

　近代科学の誕生に貢献した哲学的アプローチには二つのより具体的なアプローチがあると言われている。経験論と合理論である。前者は真理探究の基礎を人間による経験に求めるもので[1]、後者は真理探究の基礎を人間の精神、言い換えれば理性、思惟力に求めるものである。R. デカルト（1596-1650）はその代表者とも言われている。ここでは彼の著作『方法序説』[2]に遡り、その内容を紐解くことによって彼の思想と科学的方法との関係を確認してみたい。最初に彼の主張の枠組みを確認しておこう。下記の四つのステップに整理することができるようだ[3]。

① 彼の哲学全体の出発点となる原理は思惟（コギトー）である。

② この思惟から出発して精神と身体（物体）を区別する二元論を導く。

③ ここからさらに物体に着目して機械論的自然学に至る。

④ これらを踏まえて全ての学問へと進む。

1.2　出発点としてのコギトー

　さて、かのあまりにも有名な言葉「われ考える、ゆえにわれあり」の意義を考察してみよう。これはなぜ唱えられたのであろうか。「われ考える」の原語は周知のとおり「cogito」である。そしてこの語はデカルトの哲学全体の出発点であるとも言われている[4]。

　この主張は、13世紀以来それまで長くヨーロッパを支配してきたスコラ的思考から脱却するために自分自身の思考力、考察力への自信を表明したものであろう。おそらくデカルトは神を公理として全ての事象を演繹的に説明する方法に限界ともどかしさを覚えていたのではなかろうか。しかし当時の社会状況からして、あからさまに教会に反旗を翻すことはあまりにも危険が大きすぎる。またそこまでする自信もないし、まだまだ神に対する信仰も恐怖も強かったものと推測される。そこで後述するとおり、主張の根拠は神に求めつつ、己の思惟力への自信を明らかにしたものと考えられる。おそらく当時の状況下では精一杯の主張であったのであろう。

1.3　精神と身体を区分する二元論の意義

1.3.1　精神（新たな実体）の抽出

　前節で示したような大胆な主張をするためには自己を含む人間の思惟が正しいことを示す根拠が必要である。その根拠を示すための論法が二元論だと考えられる。それは二つのポイントで解釈すると分かりやすい。まず第一は人間における「精神」の抽出である。彼は自分自身から精神を抽出し、これと身体とを区分して「私を私たらしめているものは精神で、これは身体とは全く別個のものだ。精神は身体がなくても存在する」と主張している[5]。彼はこの論理を自分を含む人間全体に適用して、人間を人間たらしめている実体は精神だとしている[6]。これは新たな実体すなわち存在の根拠の提示だと言えよう。思惟（コギトー）とはこの精神の働きである。

　ここで思惟（コギトー）についてもう少し詳しく確認しておこう。デカルトの言う思惟とは、別の言葉で言えば意識であり、また良識（bon sens）とも理性（raison）とも言い換えられている[7]。それは訳者の言葉を借りて分

かりやすく言えば、「人間が生まれついて具有する能力」、「よく判断する能力」、「全て弁別する能力」である[8]。この思惟あるいは理性こそが彼の思想を理解するキーワードになるのであるが、それは「すべて思惟するものは有る」という主張が彼の言う真理の大前提になっているからである。言い換えれば、思惟する自己（私）が一切の存在の根拠だと主張されているからである[9]。前節で取り上げた宣言「われ考える、ゆえにわれあり」はこのことを象徴的に言い表したものと言えよう。

1.3.2　理性と神

　二元論の第二のポイントは精神も物体も共に神に由来するとされている点であろう。そして特に精神が神から注入されたものであるがゆえにそれは真実ならざるを得ないことが強調されている[10]。デカルトは自己の理性、思惟による判断は正しいと主張してはみたものの、その根拠を示さなければならない。そして結局、彼は自己の理性、思惟が真実であるのはそれが完全性を備えた神に由来するからだ、とせざるを得なかったのであろう。

　このように神と人間との関係という面から見れば、彼の主張は一見相矛盾する内容を含んでいる。真理の探究を全面的に神に依存するスコラ的な従来の学問に距離を置いて、人間の理性、思惟力、思考力による真理探究の可能性を主張したのであろうが、その正当性の根拠はまだ神に求めざるを得なかったからである。しかしこのジレンマこそが、学問の長い歴史的発達過程で、宗教的アプローチと科学的アプローチを橋渡しした哲学的アプローチの歴史的役割と宿命を示すものであったと言えるのではなかろうか。

　さて、デカルトの二元論はそもそも人間の精神、理性、思惟する能力を強調するための論理であったと考えられるが、結果的には精神から分離された物の認識、すなわち自然観、宇宙観の転換にもつながる論理になっていると言えよう。次項では機械論的自然観について考察してみよう。

1.4　新たな自然観と科学的方法の萌芽

1.4.1　物体の量的把握

　二元論によって精神を分離されたもう一方の実体は物体である。そしてデカルトは物体の本性は色や重さなどの感覚的性質にあるのではなく幾何学的延長にあるという。ここに言う「延長」とは抽象的で理解しにくい用語であるが、彼は次のように言っている。「物体の本性は堅さとか重さとか、色やその他の感覚的性質に依存するのではなく、長さ、広さ、深さにおいて延長するものである」。そして「物体は延長し運動する」。これらの表現から推測すると、要するに物体は三次元的に拡大し運動するところにその本質があると解釈されているものと言えよう。そして延長と運動が自然学の本来の対象となる[11]。

　物の事象が全て量的に把握できれば測定が可能になり、これを純化すれば数学的把握が可能になる。数学的な把握ができれば事象を、目的ではなく客観的因果関係で説明できる。したがって物の量的把握は因果律思考や機械論的思考を生む基礎となり科学的方法を支える最初の思考形式であったと言えよう。

1.4.2　要素還元思考

　デカルトは物体の本性を捉えるに当たり、三次元に延長する物体の特性は可分性であると述べている[12]。この思考形式はデカルトの「学問の方法4箇条」の中の第二条と第三条に述べられていて重要な内容となっている。両条を訳者の解説をも含めて要約すれば次のようになろう[13]。

① 　より良き解決のためには研究対象となる問題を可能な限り細かな小部分に分割する。問題は複合的であるためこれを単純な問題に還元する必要がある。分割によって区分された各部分はより単純なものになるからである。

② 　次に、より良き解決のためには、分割された各問題を思惟する順序が大切である。分割された各問題には直線的な系列、依存関係があるからである。決して偶然に基づいて行ってはならない。

③　具体的には、最も単純で容易なものから思惟を始め、その後は系列に
　　従って思惟を重ねて、最後に全てのものの認識に到達する。

　これが要素還元に関するデカルトの主張内容である。ちなみに第一条は明
証の規則である。明証的に真であると認めることなしには、いかなる事も真
であるとして受け取らぬことである。ここに言う「明証的」とは直証的、直
接的と言うことで、要するに「直感」と言い換えることができる。したがっ
て明証は感性的知覚によるのではなく、純粋思惟の直感によるものでなけれ
ばならない。彼によれば、純粋な直感の内には誤謬はない[14]。

　第四条は「枚挙の規則」である。これは分割された各要素に関する思惟が
全て漏れなく行われたことの、いわば全般的検査である。ここには思惟の順
序と網羅性を重視するデカルトの完全性指向が窺われる。またこれは全ての
要素を通覧的に見るという点で「帰納的方法」にも通ずる内容だとも考えら
れる。ここに示した「学問の方法４箇条」には科学の基本手順の原型とも言
うべきものが示されているとも言えよう。

1.5　要素還元思考と理論構築の精度

1.5.1　部分の綜合による全体の説明

　前に指摘したとおり西洋には思考の原型として「実体論的な思考」が存在
すると言われている。実体とは知覚されうる個々の存在物の根底にあって、
これを制約していると考えられるものである[15]。ただ近代科学誕生時の実体
概念はまだ超自然的原理によるもので、この点で現代科学の要素還元論とは
異なる。

　さて、要素還元思考に基づいて考察対象を多くの要素に分解すれば、要素
間の因果関係を実証した後に諸要素を綜合して全体を再構成しなければなら
ない。その際に、部分と全体の関係をどう捉えるかという問題に直面する。
その捉え方には大きく分けて二つのタイプがある。有機体論と機械論であ
る。前者では、全体は部分の総和ではないとの認識の下に、全体の目的や効
果が先にあって、それが部分の存在を意義づけるとする。他方後者では、全
体は部分の総和であるとの認識の下に、部分が全体を規定するとする[16]。デ

カルトが唱えた機械論的自然観に立脚すれば、自然は量的概念として認識されるので、いったん分解した各部分を綜合して全体を説明することは合理的な方法だとされる。しかしこの方法には下記の根本的問題が残されている。

① 分解された部分と、結合された後の部分は同じか。（これは「分解される前の部分と、分解された後の部分は同じか」と言い替えてもよい）

② 部分同士の関係と、その関係から生ずる効果（部分単独では生じない効果）が無視されるのではないのか。全体には部分の性質の単純な総和に留まらない性質が現われることがある。

　この問題は医学分野でもしばしば議論の対象となる。全体としての人体とこれを構成する各臓器との関係である。人体は有機体で、各臓器は相互に密接に関係し合っている。しかし還元主義に立脚すれば、各臓器間の相互依存関係は軽視され、人体までも物としての部品の集積として認識される傾向が強くなる。そして治療は部品の修理であり、この部品（臓器）は場合によっては取り替えも可能な物として対処されるのは周知のとおりである。

1.5.2　要素の選抜と捨象

　前に確認したとおり、デカルトは考察対象をより単純な部分に分割し、各部分をそれぞれ思惟した後に全ての部分が思惟されたか否か全てを数え上げて点検すると述べている。

　しかし科学的方法で理論構築が試みられるとき、分解された全ての要素間の因果関係を確認することは極めて困難で、しばしば不可能である。そのため実際には、一部の要素のみを選抜して他は捨象し、選抜された要素間の因果関係のみを確認して理論化を図る。その際、対象をどこまで詳細に分析できるか、分析された諸要素間の因果関係をどこまで特定しうるかということが理論の有効性を左右する。これらの技術が低ければ多くの要素を捨象するか、あるいは一定の条件内に固定するという仮定をしなければならない。たとえば経済学で見られる「経済人」という仮定などは冷静に考えてみれば極めて非現実的な仮定ではなかろうか。

　分析や要素間の因果関係を確認する技術が向上すればより多くの要素を選

抜することが可能となり、構築される理論もより有効性の高いものになる。たとえば経済学においても「制度」と翻訳されている諸要素を取り込んだとき、論理的には理論は一歩向上したと言うことができよう。

　しかし科学的方法に依拠した研究といえども、理論構築はそれほど純粋培養的な営みだけではなさそうだというのが本研究のそもそもの問題意識である。分析においてもデータの統計処理結果の評価においても、そこに宗教的価値観や政治的要因が介入している可能性は低くない。もしそうだとすればこの介入がある時、理論の客観性は歪められる危険性が高まる。科学的方法の根底に存在するであろう文明史的諸要因はこれだけではない。人種的・民族的序列意識や優性意識が介在している可能性もある。したがって研究に携わる者は、特に外国の学説や諸制度を輸入し評価する場合にはこれらの諸要因への配慮をしておくことも重要な責任となろう。もし仮にこのような要因解明への配慮もなく、ナイーヴに憧れや尊崇の念で取り組めば、これらの諸要因が見えなくなることは言うまでもない。

２．近代科学とその思考形式

２.１　近代科学誕生に到る思想と構想

２.１.１　近代科学誕生前史の概観

　科学に関する諸研究の中から近代科学の誕生に関する部分をひもといてみると、大略下記のような文脈で理論が展開されている。

① 　古代ギリシャ[17] における古代科学の誕生

② 　５世紀頃からのヨーロッパ中世、約1000年間の暗黒時代

③ 　14世紀頃からのルネッサンス運動による萌芽的諸活動

④ 　17世紀の科学革命による近代科学の誕生

　この文脈を見て筆者は中世といわれる約1000年間がなぜ暗黒時代といわれるのか理解に苦しんできた。このような長い間、学問的進展が無かったはずはないと思われるからだ。ただ近年、「暗黒時代」に関する研究も進んでいるようで、たとえば伊東俊太郎によれば、この時期にも「中世科学」と呼ぶ

べき多くの学問的諸活動が行われていた。この間ヨーロッパは、ギリシャの
みならずアラビアやラテン地域からも強く学問的影響を受けていて、これら
が近代科学誕生の礎の一つになっているとのことだ[18]。

2.1.2　人間が経験や思考に自信を高めた諸活動

　人知を超えたものに対する畏怖や恐怖を一挙に解消することはできないも
のの、人間は徐々にではあれ、おそるおそるそれに分け入ったようだ。その
事例として、まず14世紀頃からイタリアで始まったとされるルネサンスが挙
げられよう。これは学問の発展という視角からは人間が自らの意思の表現を
拡大しようとした運動と考えられる。

　二つ目に挙げられるのが15世紀頃から盛んになった、いわゆる大航海であ
ろう。これはその政治的・経済的目的はさておき、副産物として自然現象に
関する知識の蓄積に大きく貢献したであろう。その結果、人間は自己の経験
から得た知識に自信を高めたと考えられる。

　三つ目には、従来のカソリック教会の行動を直接批判した運動として宗教
改革が挙げられよう。これによって従来のカソリック教会の権威が低下した
ことも確かであろうし、それによって宗教的恐怖感の低下が生じ、思考の自
由度の向上につながったであろう。

2.1.3　天体観測による宇宙観の転換

　近代科学誕生を説明する際にこれに貢献したとされる主要な人物達の行動
は、巷間では、ともすればキリスト教に反旗を翻す行動であったかのごと
く語られることがある。しかし実際には彼らはいずれも敬虔なキリスト教徒
で、彼らが天体観測などをしたそもそもの動機は、たとえば規則正しく回転
する天体の動きの中に創造主たる神の業のすばらしさを見い出し、それを賛
美するためであったらしい。そしてこの賛美のための証拠収集としての観測
記録の蓄積が結果的にはそれまでの宇宙観の誤りを明らかにする資料となっ
たというのが真相のようだ[19]。代表的な人物の活動と貢献内容を確認してお
こう。

1）コペルニクス（1473-1543）

　ルネサンスの気運のあったイタリアに留学したコペルニクスはそこで地動説的発想に触れ、その後、太陽を中心とする、いわゆる地動説の証明を試みた。ただ彼の考えた天体の軌道は真円軌道に固執したものであった。また太陽中心説が太陽信仰ととられると唯一神教であるキリスト教の教義に反するので、神の創造した宇宙全体を一度に照らす位置に太陽を置くことは神以外の誰にもできようはずはないとしてキリスト教信仰との矛盾を回避したようだ[20]。なお、惑星運動の軌道が真円ではなく太陽を中心とする楕円軌道であることを唱えたのはケプラー（1571-1630）である。

2）ガリレオ・ガリレイ（1564-1642）

　ガリレイの貢献は何よりもまず自由落下の法則発見であろう。これは時間を独立変数として位置変化を見るという方法を基礎とする数学的実験によるものであり、これによって彼は地上の力学的法則を明らかにした[21]。また彼は、それまでは神の領域とされていた天体を望遠鏡によって直接に観察し、宇宙に対する認識を改めるきっかけを作った[22]。これはそれまでの目的論的自然観に変更を迫るものであった。彼の行った実験による検証や、より詳細な観察は科学に不可欠の方法の導入であったという意味で特筆に値しよう。

3）ニュートン（1643-1727）

　ニュートンの最大の貢献は天体の運動にも地上の物体の運動にも同一の力学的法則が作用していることを証明したことであろう。いわゆる万有引力の発見である。これによって宇宙を一つの規則正しい機械仕掛けとする機械論的宇宙観の普及に貢献した[23]。このようにコペルニクスからガリレイそしてニュートンまで、彼らは天体の運動や地上の物体の運動に見られる法則を明らかにすることに成功した。そしてそれまでの天動説を転換して地動説を導くきっかけを作り、また目的論的宇宙観・有機的宇宙観から機械論的宇宙観への転換を成し遂げた。これらはまさに学問における革命と言っても過言ではなかろう。近代科学の成立に向けた大きな貢献である。

2.1.4　二つの哲学的アプローチ

1）経験論とその貢献

　近代科学の成立に貢献したといわれる思想には二つの哲学的アプローチがある。経験論と合理論である。まず経験論から見てみよう。これを唱えた中心的人物とされるF. ベーコン（1561-1626）の思想を中心に考察する。経験論の思想的特徴を端的に言えば、人間の知識は経験から得られるとする考え方である。真理を求める最初の前提として感覚的経験のみを認め、通常の知識と言われるものは全てその上に築かれるものと考える。このような思想の台頭は人間が自分自身の経験や観察力に自信を持ち、自らの意思で自然現象を観察し始めたことを意味する。ベーコンは当時の学問が経験との接触を失っていると判断し、そのような学問は不毛だと考えていたようだ[24]。

　学問の方法を見れば、ベーコンは積極的に自然に働きかけ、そこから事実としての経験データを集め、その経験的事実から自然の法則を導き出す方法をあみ出した。いわゆる帰納的方法である。この方法では多くの事実の中に共通の性質が認められるとき、またそこに例外が認められないならば、その性質は「真理」であるとする。これを帰納的推論という[25]。ベーコンはあらゆる場合の事象を全て同じレベルに立つものとして収集し比較することに大きな意義を認めた。この経験論に基づく方法はやがて科学的研究における主流となり科学的研究方法の形成を促進する。その意味で、ベーコンは近代自然科学の生みの親とも言われている[26]。

　ところが、経験によって事実と思っていることが実は事実でないことが現実には非常に多い。経験で捉えた現象を簡単に「事実だ」と言うことは科学者には許されない。そのため経験ではなく理性の承認を得たもののみが真の事実だという主張も行われている[27]。

2）合理論とその貢献

　近代科学の成立に貢献したいま一つの哲学的アプローチが合理論である。これを唱えた主要人物であるR. デカルト（1596-1650）の思想にそって見てみよう。合理論の特徴を端的に言えば、真の認識は経験に基づかない先天的な理性の働きによるという考え方だ。彼は人間を精神と肉体に二分して捉え

たこともよく知られているが、それによって精神の働きの有効性を強調したかったのではなかろうか。彼の主張が説明される際に、「精神の働き」が「自我」や「理性」といった抽象性の高い言葉で言い換えられるので、これらの翻訳語が現代語のニュアンスで一人歩きしてまぎらわしい。しかし、学問の発達という側面から解釈すれば、彼は人間の思考力や判断力への自信と信頼性を強調したかったものと考えられる。かの有名な「われ考える、ゆえにわれ在り」という宣言はこれを象徴的に表したものであろう。

　学問的な説明方法に関してデカルトが行った貢献は演繹法を編み出したことであろう。演繹とは一般的または抽象的な命題や原理から具体的または特殊な命題や原理を、経験に基づかないで導く方法である[28]。ここで彼が公理としたのが「考えている自分の理性」である。彼は全てのものを疑ってみたが自己の思考は疑えないとしてこれを絶対的に正しい公理とし、その上で演繹的説明方法をあみ出した。この演繹的説明法は人間による思考の自律性を強調することによって近代科学の成立に貢献したと言えよう。いま一つデカルトの貢献としては物的世界の説明法を挙げることができよう。数学的方法を用いて機械論的発想（後出の「2.3.4」参照）で統一的に自然現象を説明しようとしている[29]。

　しかしデカルトの思想にはまだ「神」の影響が根強く残っていて、神の観念は彼の体系の主要な基礎となっている。「われ考える」ことが正しいという根拠として「神」を持ち出しているのだ。これは合理論の独断性とも言われているが、自己の理性の完全性の根拠を問われたとき、完全なる神が創造した人間の精神が不完全であろうはずがないと言う以外に説得力のある理由が見いだせなかったのではなかろうか[30]。キリスト教世界の価値観をベースとして、神が作った人間の理性こそ自然を知る方法だと考えたのであろう[31]。

　ベーコンなどの経験論（帰納法）によって具体的な事象から一般的法則を導くことが可能となり、またデカルトなどの合理論（演繹法）によって、一般的命題から具体的な事象を予見することも可能となる。これら両者によって自然をより正確に捉える科学の誕生が後に導かれることになる[32]。

2.2　近代科学革命とその後の発展

2.2.1　近代科学革命

　上記のとおり近代科学は16世紀頃からその歩みを始め、17世紀の初めには
その発展が始まっていた。近代科学革命とは、この間に従来のアリストテレ
スの自然哲学を乗り越える形で学問方法が革命的に飛躍したことであり、自
然現象に対する伝統的な説明体系が新しい知的枠組みによって置き換えられ
た過程である[33]。当時の先人達は自らの思考への自信を高め、経験や観察を
ベースとする帰納法的方法で真理を探究する方法を確立した。またガリレイ
によって発展させられ、デカルトによって労作された数学的演繹法によって
も17世紀の近代科学は進歩したようだ[34]。

　だがしかし、彼らが意図していたことは必ずしも近代科学の形成ではな
く、まだ神学的な自然観の中での行動であったようだ。彼らは合理的な説明
ができないところは神の所為にし、ニュートンでさえも、万有引力はなぜ働
くのかと聞かれたときに、「神様が引っ張っているからだ」と答えているそ
うだ。ガリレイも自らをカトリック界の大学者と自負している[35]。

　聖書の言葉を借りれば、神の創造物の一つで神の僕である人間が神の創造
物を客体として探求することは不敬の至りと言われかねない。しかし彼らが
それをすることができたのは敬虔なキリスト教徒であったからというのが真
実のようだ。日々これほど規則正しく運動する天体は神の設計によるからだ
と考えた彼らは、「神の御業」を賛美するために観測するという動機を強く
持っていたようだ。言い換えれば、この世界を神がどのように作って、人類
をどういう方向に導こうとしているのかを知ること、すなわちホーリー・デ
ザイン（Holy Design）を解き明かしたいという欲求があったようだ[36]。こ
のように17世紀の近代科学はまだ神からは完全には脱却できていなかった。
そのため、近代科学がさらに進歩して今日の科学に近づくためには神からの
脱却をより確かなものにする必要があった。

2.2.2　神からの脱却（聖俗革命）

　村上陽一郎によると、17世紀に形成された近代科学が神の拘束を脱ぎ払う

試みは18世紀に行われた。これを代表するのがディドロに代表される百科全書派の活動である。彼らはキリスト教的な神学の上に全てが乗っかかるという知識体系からキリスト教的な価値観を排除する試みをした[37]。その試みは百科全書の編集体系に現れている。それは説明事項がつづり字のアルファベット順に掲載されていることである。

　従来の分類は神を頂点とする神学的な体系で行われるのが常であった。しかしアルファベット順に掲載するということは記載内容ともキリスト教的な精神とも一切関係が無いことを意味する。言い換えれば、百科全書は宗教的価値観を排除した知識の堆積物として作られているのだ。したがってこれは「脱キリスト教」の象徴的な作品であり、さらに言い換えれば、人間理性を最上位においた作品とも言える。従来の神学的な立場が、何を説明する場合にもどこかで神に言及しない限り説明は終わらないという立場であったのに対し（聖なる立場）、創造主としての神に一切言及しないでものごとを説明できるとする立場（俗なる立場）への大転換が生じている。村上陽一郎はこの革命的転換を「聖俗革命」と呼んでいる[38]。われわれが何気なく親しんでいるアルファベット順の編集にはこのような意味がある。

2.2.3　学問の分化・再編成とサイエンス

　19世紀になると、いったんバラバラにされた知識を再編成する試みが始まる。その際の再編原理となったのは「対象」や「方法論」の違いである。そしてこれらを規準として行われた区分が現在の大学における学問的区分の基礎にもなっている[39]。神という絶対的価値を中心にした体系から価値観を排除した便宜的集積へ転換し、ついには知識の内容を系統立てる体系へと進化したと言えよう。そしてこの進化が学問の分化を促進することになる。

　このような動向に応じてサイエンスという語の意味も次のように変化している。

① 英語のサイエンスの語源であるラテン語（scientia）は「論証によって裏付けられた確実な知識」という意味をもっていて、18世紀まではまだ知識全般を指す言葉であり、ナレッジ（knowledge）とほぼ同義であった。

ちなみにこの頃までは現在の科学者に相当する知識人のことを「自然哲学者（natural philosopher）」とか「知者（savan）」と呼ぶことが多かった。

② ところが19世紀になると学問の分化が進んで、これが「実験や観察などの経験的手段によって得られる様々な知識」という意味で使われるようになる（sciences 複数）。そしてその後、一部の特殊な自然科学だけを指す言葉になっていく[40]。

このように17世紀の科学革命期に生まれた科学の意義やその方法がそのまま今日の科学に直接繋がっているのではない。18世紀にキリスト教的枠組みを外し、さらに19世紀に至って分化・再編を経て現代の科学となった。ちなみに「科学」という日本語は、明治初期に、学問の細分化が起こっていた当時のヨーロッパの学問状況を見て、これを「分科的学問」、「科（discipline）に岐れている学問」と呼び、ここから二字を抜き出して作られている[41]。

2.3　科学の基本的思考形式

2.3.1　要素還元思考

要素還元とは研究対象を説明するとき対象を捉えやすくするために、まず全体をいくつかの部分に分けることを言う。一般に、部分は全体より単純になるためその性質を捉えやすくなる。たとえば曲線もそれを多くの部分に分割すれば各部分は限りなく直線に近づくことと似ている。対象を分けるより本質的な理由は、科学的説明の核となる要素を取り出すためである。科学的理論探求においてよく用いられるモデルで言えば、モデル間の要素の違いから、それぞれの現象の差異を生み出す要因を探り出す[42]。

17世紀には要素論的自然観と言われる認識が生まれていた。これは要素への分解を極めることによって、そこから逆に全自然を合理的に再構成できるという確信にもとづいている。要素を見出し、その要素の振る舞いを律する法則をつかまえることが最も基本的であり、それに成功すれば、そこから全自然を演繹的、統一的に理解できると考えられたのであろう[43]。ここには自然界が統一的な原理で説明できるとする発想が伺われる。

2.3.2　帰納的思考

　17世紀の科学革命は実験と観察を中心とする経験科学の方法論を確立することでそれまでの時代と決別した。近代科学が成立する過程で大きな役割を担ったのはベーコンの帰納哲学である。前に述べたとおり、帰納とは個々の観察や実験の結果得られる基礎データの集積から普遍的な法則や理論を推理することである。現象から命題が引き出され、これが帰納によって一般化される。17世紀以来、科学は実験を駆使する帰納法の必要性を説いており、科学の方法は帰納法であるという見解が流布していた。したがって科学的合理性とは帰納的合理性を意味していた[44)]。

　しかし帰納という思考法は部分的で特殊な条件での結果を一般的なものとみなすわけであるから、そこには論理的には下記のような思考の飛躍があるとも言える。

① 　思い込みや先入観のない事実はない。

② 　事実をどれだけ集めても、普遍法則の知識と論理的に等価にはならない。

③ 　帰納によって知識が得られる過程は本来一意的に決定されなければならない。しかし実際には帰納には多義性がつきまとう。

　これらは合理論の立場から「経験の主観性」として批判された点であるが、この点は、提示されたモデルを「後に別の視点から検証する」という方法で克服され、経験論に基づく実験主義が科学の思考法の主流となる[45)]。

2.3.3　因果律思考

　科学は対象全体をその構成要素に分解し、要素と要素の間の関係を明らかにしようとする。すなわち現象の中に法則を見出そうとする学問である。要素間の関係は必ずしも原因・結果的とは限らないが、科学では現象の連なりを原因・結果的に見て順序づけようとする。因果関係的にものを考えることが科学的思考の一つであり、因果関係の発見が科学の第一目標となっている[46)]。

2.3.4　機械論的思考

17世紀になると機械論哲学と呼ばれる考え方が生まれる。この考え方に基づく機械論的自然観とは宇宙全体を精密な機械とみなし、物質的・統一的な法則が世界を支配しているという考え方である[47]。ガリレイは「自然は数学で書かれている」と言い、自然が数量的な関係として説明できることを主張している。デカルトによれば、全ての物質的存在は同一の力学的法則に支配される機械であり、そういう点では人間も動物や植物や無機物と変わりがないものとされた[48]。すなわち物理的世界は数学的方法で捉えられた力学的法則に従う等質的な力学大系とされる。

ニュートンは分析的手法の発達を踏まえて、全てのものを最小の構成単位へと還元してみることで、あらゆる現象に普遍的な性質を探求する。地上の運動も天体の運動も同じ法則で説明できることを発見した後は機械論的自然観への確信はいっそう高まったであろう。ここから全ての事象は一意的すなわち決定論的に動くという考え方がでてくる。そして「還元性、普遍性、決定論」が科学の特徴となり、機械論的世界観が世界全体に波及していく[49]。ここには先述した神の「Holy Design」を明らかにしたいという意図が明確に伺われる。

2.4　科学的探究方法の基本手順

科学的方法の基本手順は次の五つのステップで成り立つと言うことができよう。

2.4.1　観察

観察とは考察対象をその対象から離れてよく見ること、対象に見られる事実を確かめることであり、研究の最初のステップである。その際、自然現象であれ社会事象であれ可能な限り主観を排除して確かめることが求められる。社会全体の研究の連続性という視角から言えば、先行研究の到達点を確かめ、従来の研究の空白部分あるいは既存研究の疑問点などを確かめることも広い意味では観察の一つと言えよう[50]。

2.4.2　分析

　これは前に取り上げた要素還元法に直結することであるが、一つの連続体である自然現象や社会事象をいろいろな要素に分けて考えることを意味する。言い換えれば上位概念を複数の下位概念に分解することであり、理解したい対象を既知の知識を使っていったん分解する思考法とも言えよう。たとえば落下運動を距離、時間、速さなどに分解したり、水を酸素と水素との関係によって知ることなどである[51]。さらに言い換えれば、対象を記号で表現することである。最も純粋な記号は数字であるため、科学的研究には数量化して捉える作業が必然的に伴う。対象を数量化するためにはそれを「測定」することが必要となる。

１）測定、数、単位

　対象を数量化するための測定とはどのような手続きであろうか。そもそも自然界に数はない。測定するためには測定しようとする対象と同じものを一定量取り（＝これを「単位」という）、全体がこれの何倍あるかを確認しなければならない。この「何」が「数」である[52]。

２）論理的分類

　分析を確実に行うためには対象の分類もしばしば必要になる。古来、人間はその時々の目的に応じてさまざまな分類を試みてきた。ここでは研究の科学性を高めるために不可欠な論理的分類の規則を確認しておこう。下記の三つの規則である[53]。

①　視点の一貫性、　②区分肢の排他性、　③区分肢の網羅性

　①は分類の基準が一貫していることであり、②は分類されたあるカテゴリーが他のカテゴリーと重複しないことであり、③は分類される対象はいずれかのカテゴリーに含まれるような分類でなければならないという意味である。逆に言えば、いずれのカテゴリーにも入らない対象が残るような分類はしてはならないという意味である。

　分類対象は多面性を有しているので、詳細な内容を知ろうと思えば一度の分類だけでは無理である。そのような場合には、第一段目の分類で区分されたカテゴリーをさらに別な基準で分類して、より詳細なカテゴリーに区分す

ればよい。もしそれでもなお不十分であればさらに別の基準で第三段目の分類をすればよい。以下同様である。

2.4.3　構想、仮説

　対象の分析が行われたら、次には分割された各要素間の関係を調べる。その際、科学では先述したとおりその関係を因果律的に見ようとする。そしてそこに一定の因果関係を措定する。この一連の活動が理論化のための構想であり、措定された関係が仮説である。これはまだ間違いかもしれないので次に実験をして確かめる[54]。

2.4.4　実験、検証

1）実験とは何か

　仮説を立てたらそれが本当か否かを確かめなければならない。これを実験という。ただその際、現実の多くの要素間の因果関係を一挙に解明することは極めて困難であり、しばしば不可能である。そこで、より本質的な要素以外は捨象するか、あるいは一定であると仮定して、着目する要素間の因果関係のみを確認する。その意味で実験は人為的に管理された条件での観察であり、自然界の現象を人為的に取り出し、いろいろな視点から観察してみるものとも言える。したがって実験とは単に事実を調べることではなく、科学者の構想あるいはアイデアを事実によって確認する行為である[55]。

2）モデルを使った解法

　科学的説明としてよく用いられる方法にモデルを使った解法がある。現実の多くの要素から問題に関係の深い、より本質的な要素だけを抽出あるいは強調して現実に似たもの（＝モデル）を作る。モデルによる解法の中でもよく知られているのが実験的方法としてのシミュレーションである。これはモデルに様々な変数を代入して実験的に計算し、その中から最適解を探る帰納的方法である。現実→（抽象化）→モデル作成→（変数を入れる）→人工的現実→（ケースの比較）→最適解という手順である。

3）実験と理論

　科学にとって本当に大切なことは「事実から理論へ」ではなく、「理論の正否を事実によって証明すること」である。すなわち科学者の構想の正否を自然に答えさせることである。そういう意味では、近代科学がF. ベーコンから始まったというのは正しくない。真の科学は実験を行ったガリレイから始まったと言うべきかもしれない[56]。

　なお、一人のあるいは一グループの実験によって確かめられた科学者の構想も、まだその段階では一つの仮説にとどまる。そこで一般的な妥当性を確かめるためには研究成果を公表して、より多くの人による再現実験を呼びかける必要がある。

　単に事実がこうだというだけではまだ学問にならない。その事実を理論によって説明して初めて学問になる。理論とは各々の現象もしくは現象群を再現しうるような原理・法則とモデルの組である。現象の再現性が多くの人によって確認されるレベルに高められたときはじめて理論となり、学問と言いうる[57]。

　ちなみに、ガリレイの実験哲学は下記のようになっている[58]。

① 　単純化＝他の情報を捨象した情報の抽象
② 　定量性＝情報の数量化、数値化→数学的処理が可能
③ 　帰　納＝個々の特殊な命題や事実の集まりから一般的な命題や法則を導き出す
④ 　検　証＝一般化された法則の妥当性を確かめる。実験結果の再現性で確かめる。

2.4.5　綜合と理論

　最後のステップは、要素に関する実験結果を結合して全体を説明することである。これは全体が、いったん分けられた部分の結合によって説明できるという前提に基づく行為である。

　部分と全体の関係は多くの局面で研究されてきたが、未だに不明な点は多い。経営組織はもちろん、人体の解明においてもそうである。問題を三つの

カテゴリーに整理すると下記のように言えようか。

① 　分割された各部分の機能は、分割前のそれと同じか否か。

② 　部分の綜合によって形成された全体は各部分間の相互作用によって、単
なる算術的総和以上のものとなるのではないか。

③ 　各部分と部分の間、また部分と全体の間に存在あるいは発生する相互作
用には未だ解明されていない要因が多数潜在していることが考えられる。

2.5　帰納法とその発展

2.5.1　初期の帰納法

　これまでに確認してきたとおり、近代科学においては帰納法が重用されて
きたことが分かる。しかしその後の状況変化に応じて帰納法自体も発展を遂
げている。発展内容を分かりやすくするためにまず最初に初期の帰納法の特
徴を確認しておこう。

　帰納とは個別の事例や個別の知識（個々の観察や実験の結果得られる基礎
データ）の集積から、一般的知識（普遍的な法則や理論）を推理することを
言う。科学革命が実現された17世紀以来、科学の方法は帰納法であるとされ
ており、科学革命期の初期には帰納法は証明法としての機能を期待されてい
た。なぜなら仮説は証明を欠いた推測だとみなされていて、帰納と仮説は区
別されていたからである。科学の理論が現象から純粋帰納的に導かれた経験
的法則だけから成り立つものと考えられていた段階と言えよう[59]。

2.5.2　理論の先行と確率論の導入

1）仮説的演繹を中心に据える立場

　19世紀の科学的方法も帰納法を中心に論じられていたが、仮説の役割が
次第に重視されるようになり、仮説から具体的に観察可能な予測を演繹し
て、その予測が成り立つか否かを後で検証すること＝「仮説演繹法」が重用
されるようになってくる。なぜなら科学的知見が蓄積されてくると既存の理
論に立脚した新たな理論が組み立てられるようになるからである。このよう
な理論とは「こう考えたらつじつまが合うのではなかろうか」という仮説で

あり、その後、実験技術が向上したらそれの正否を実験で確かめる。最先端科学ではこのような事例が増えている。理論の先行現象と言うことができよう[60]。

<u>2）確率論的帰納法の立場</u>

19世紀に入ると確率・統計的な考え方も科学に導入された。確率的・統計的方法とは多数の事例を含む集団的現象の中に見られる規則性や属性の分布すなわち傾向を見る方法である。測定という科学の最も基本的な手続きについて、最善の測定値を推定する帰納法が確率論の枠の中で規定されたのである。初期の古典的な帰納法だけでは誤差論、確率論、統計学といった具体的機能の問題が見えないのである。ここでは法則に例外を認めることになる。このように帰納法にも初期の古典的帰納法から確率論的帰納法への発展が見られる[61]。

3．科学で捉える真理

3．1　再現性と客観性

科学では、一定の条件下で行えば、いつ、どこで、誰が行っても、同じ結果が再現される時これを真実という。言い換えれば、自然や社会に関して得られたいろいろな知識が互いに矛盾せず、しかも再現可能と確信される場合にそれを本当という。再現可能性とは、必要な場合に必要な手段をとったならば再び同じ事を出現させることができるという確信が得られることである[62]。

科学的とは誰にでも再現できるというステップを踏むシステムである。誰にでもその現象が再現できるためには情報が包み隠さず公開され、研究者どうしのコミュニケーションが自由に行われることが重要である。したがって科学的知識とは多くの人の経験的な知識によってテストされているので客観性の高い知識と言うことができる[63]。

科学で言う真理のもう一つの特徴を挙げるなら、それはどこかに埋もれている固定的なものではないということである。たとえば昔の遺跡に道具が埋

もれている場合には取り出しうるものはそれしかない。しかし科学的真理は複雑な自然や社会の実態の中から科学の思考形式に適った要素をある人間が抜き出して、それを因果論的に整理した結果捉えられるものである。その意味では科学で言う真理とは人間と自然の協同作品でもある[64]。

3.2　社会科学での真理

　自然科学が17世紀の科学革命によってひとまず成立したのに対して、社会科学は18世紀に成立した。社会科学の意図するところは、人間社会を対象とし、これに科学的方法を適用して分析し、そのメカニズムを明らかにすることである。さらにこのメカニズムを活用して、社会を改造、改善、変革する政策的目的があったようだ。

　しかし社会科学が自然科学と異なる点は実験ができないことである。社会科学の場合には人間やその社会が対象であるため、一定不変の条件を作り出すことができず、自然科学のような実験はできない。そこでしばしば行われるのが多くの人に同じこと、例えば薬を服用することを実行してもらい、これを統計的に処理して傾向を探る方法である。あるいは多くの先行研究や統計調査などから仮説の裏付けとなるものを抽出し、これを証拠として仮説の正しさを証明する方法が採られる。

　統計処理から引き出されるものは多くのサンプルの中に見られる一つの傾向にすぎない。そのためその傾向が個々のサンプルにそのまま当てはまるとは限らない点が自然科学と異なる特徴である。このように社会科学における法則は個別的には法則的ではないものを大量に観察することによって見いだされる統計的法則で、したがって例外を認めなければならないような法則である[65]。そのため法則性に不確実性が高く、一般性が低くなることは避けられない。

3.3　実在論と非実在論

3.3.1　実在論

　科学とは何かという認識や、科学的真理の本質観の違いによって科学も二

つのタイプに分けることができる。まずその一つ、実在論と呼ばれる立場では、科学理論に実在世界の記述を目指すという目的を課している[66]。言い換えれば、現象には直接現れないが実在世界の隠れた構造の中にある法則を明らかにすることを目的とする。この立場では、非実在論に比べて法則に影響する人間の思考形式の関与をより希薄なものとみなしていると言えようか。

3.3.2 非実在論

この立場では、科学とは①再現可能な現象を、②人間が自然界から数量化して抜き出し、③それを統計的に究明して行く営みと考える。したがって、科学理論によって究明された法則の中にも人間の思考形式を読みとり、科学理論も人間の限られた観点からの一つの描像にすぎないと考える。またこの立場では、科学理論が現象の予測や組織化のための道具とみなされるためこの立場を道具主義とも呼ぶ[67]。

3.4 真理は変化する

科学の学問体系は人間がその時代に作り上げた基礎的カテゴリーを使って自然や社会を切り取り、科学の体系に作り上げていくものである。そしてこのカテゴリーでさえも人間の主体的な実践を通して作られる歴史の産物である。そのため科学的真理は人間から独立に存在する客観的な自然や社会についての普遍的な真理ではなく、人間と自然あるいは人間と社会との交互作用の中で時代的・社会的制約や諸条件を反映して結晶してくるものである。より具体的に言えば、分析も実験も、その時代時代の水準で行わざるを得ない。そのため、分析技術や実験技術が向上すれば、かつて「真理」とされたことも修正されて、より一般的でより正確な「真理」が提示されうる。学問の進歩である。そういう意味で、科学的真理と言われるものは時代に応じて変化しうる[68]。

４．米国経営における科学的方法の活用

４．１　経営への科学的思考導入の事例

　米国においては経営への科学的方法の導入は経営全般に見られるのだが、経営史上重要な事例を三点挙げておこう。第一はやはり20世紀初頭の科学的管理法（scientific management）の形成であろう。このことは周知の事例だからここでは詳細には踏み込まないが、要点のみ確認しておこう。19世紀の終盤から大規模企業が次々と誕生し、企業内部の状況は複雑性を高めていた。そのためマネジメントを根本的に再構築する必要が生じ、生産管理を中心として作業現場で科学的方法による調査と再検討が行われ、全く新しいマネジメントの体系が形成された。そしてこれが経営学形成の発端になったと言われている。その際導入された一連の新たなマネジメント方策が「科学的」と言われるようになったのは、各作業の実行状況を数量的に測定し、いつ、誰が、どこで行っても同一の大量の製品が確実に再生産されるようになったからであろう。

　第二の事例としては第二次大戦後の経営科学（management science）の形成を挙げることができよう。このケースでは経営の各活動がより精密に数値化され、ORを中心とする数学的方法を用いて最適解を導くことが目標とされている。このアプローチにおいては経営の活動をより細かな要素活動に細分化して数値化し、これらの間の因果関係を数学的に解析して最適解を求める方法が採られる。これは経営活動全体を１つの機械的システムとして捉える認識がいっそう進んだ結果だと考えることができる。

　第三の事例としてはマーケティングの科学化を指摘することができよう。マーケティングはその誕生以来、一貫して経営諸活動の中での地位を向上させてきた。そして第二次世界大戦後には経営戦略レベルの重責まで担うことになる。いわゆるマネジェリアル・マーケティングである。ここでは意思決定の精度を高めるためにそれを科学的に支援する方法が採用されている。具体的には情報の収集と分析、問題解決などへの数学的な解析技法や行動科学の方法も導入されている。また統計的・数学的モデルも多用されるように

なっている。

4.2　科学的思考形式から見た米国経営の諸方策

　本章「2.3」で確認したとおり、科学的方法には4つの基本的思考形式がある。要素還元思考、機械論的思考、因果律思考、帰納的思考である。科学的真理探究方法はこれらの思考が相俟って編み出されている。そしてビジネスにおいてはそれが具体的な諸方策に反映されている。ここでは科学的思考形式の視角から米国経営の方策事例をいくつか考察してみよう。

4.2.1　要素還元思考がベースになっている方策

① 　組織形成が組織を職務の結合体系とする発想からスタートしていると言うことができよう。もちろんこれは今日の組織論から見ればビジネス組織形成初期の発想で、近代組織観では、バーナードなどの組織観で紹介されているとおり、人間の動機付けや創造力などに重点が移行したために、ソフト（マネジメント）の面から見れば、組織は人の結合として捉えるべきだと主張されたのであろう。

　　しかしハードの面から見れば組織形成の基礎には組織活動全体を多くの要素的職務に分解する思考が根強く継承されていることは否定できまい。それは職務と職務の境界が明示されることや、専門性を高めるために分業が重視されることにも明確に現れている。また職務が、そしてその担い手が入れ替え可能な部品と見なされていて、部品に不都合が生じればより良い部品と交換すればよいとの思考が強く継承されていることも否定できまい。日本の経営との大きな違いである。ちなみにこのような思想は米国で作られたスポーツの実行ルールにも明確に現れている。baseballがそうであり、american footballに至っては職務の分化がいっそう進められていると筆者には思われるがいかがであろうか。

② 　分業と専門性という視角から見える特徴

　　組織におけるラインとスタッフの設置にはこの特徴がよく現れている。日本の経営ではライン機能とスタッフ機能を同一人が担う傾向があるのに

対し、米国の経営では両者が分離されるのが特徴だと言われている。これも日本の組織と米国の組織の間に大きな違いがある事例である。

　この問題は、近年継続して議論されて大幅な制度改正も行われたコーポレート・ガバナンスの仕組みにもはっきりと現れている。コーポレート・ガバナンスの主要な論点の1つが取締役および取締役会にどのような機能を持たせるかという点にあるが、日本では従来、決定機能、執行機能、監督機能のいずれも取締役会が担ってきた。これに対して、米国ではこれらの機能が2つの機関によって分担されている。決定と執行を担うのがexecutive officerであり、監督を担うのがdirectorである（拙著参照）[69]。

4.2.2　機械論的思考と数量的把握

　いわゆる成果主義的人事制度が米国では日常的に行われているのに、日本の経営ではこれがうまく機能しなかったのはなぜであろうか。人事制度が機能するためにはその仕組み、特に成果の評価制度が組織メンバーに納得されていることが必要条件であろう。それでは評価制度がメンバーに納得されるためには何が必要であろうか。それは職務内容の明示と成果の数量化であろう。主観的評価を極力排除して数値化しなければ納得を得ることは難しいであろう。米国にはビジネスをも機械論的思考で捉え、成果を数値化する仕組みの運用を実行してきた伝統がある。もし日本において成果主義的人事制度を有効に機能させたいのであれば、この分野を数値化して説明できる仕組みと経験の蓄積が不可欠であろう。

5．経営方策へのキリスト教の影響

　米国では宗教、特にキリスト教の影響が社会の随所に組み込まれていることは第3章と第4章で確認した。建国の経緯から見ても米国が極めて特殊な国であることが分かる。

　米国経営を研究していて、日本の常識的尺度では明確に説明することが筆者には困難なことが少なからずある。ここではその中から下記の一点だけを

取り上げ、問題提起をしておきたい。会社は出資者のものであり、会社経営は出資者の利益増大のためになされるべきだという論理である。

　一般に、ある局面で一番大きな権限をもつのは、その局面で必要とされる度合いが最も高い物あるいは機能であろう。したがって企業の規模拡大のために大規模資本が重要な要素とされた19世紀の後半に、まだ関係法律も十分整備されていない社会で出資者、株主が絶大な権限を行使したことはまだ理解することができる。

　しかし今は状況が大きく異なっている。企業経営においてソフトな資源の重要性が徐々に高まり、企業競争力を決定する最重要な資源は今や知識・知恵だと言われて久しい。資金は企業経営においてなお重要な資源ではあるが、企業競争力を決定するための筆頭資源ではないというのが今日の新たな認識であろう。しかも資本家主導の極端な自由競争は米国において19世紀終盤に一度破綻している。そして新たな自由概念としてリベラリズムが誕生したことは周知のとおりである。

　にもかかわらず、1980年頃を境に米国において再び保守思想の台頭が見られた。以後ビジネスにおいては出資者の主張が高まりを見せ、コーポレート・ガバナンスのうねりを引き起こして今日に至っている。その結果、社会の経済的格差は各国で広がり、いままた社会の不安定化の深刻な要因となっている。これはなぜであろうか。以下のことは筆者の仮説的類推に過ぎないかもしれないが、この動向の基礎にはプロテスタント・カルヴァン派の所有観と労働観が大きく作用しているのではないかと考えられる。具体的に言えば、労働は神の召命であり財産の所有は労働に励んだ成果であって、信仰の証である。そして財産の蓄積は神の栄光に寄与するものであって、財産の不平等は神の摂理だとの信仰が存在しているからではなかろうか。

　上記のような環境変化を踏まえたとき、企業経営が出資者の利益増大を第一目的として行われるべきだとする主張は持続的成長を阻害こそすれ推進するものではないと筆者は考えるがいかがであろうか。

小　括

　米国経営においては科学的知見が重視されていることが確認できる。それは一つには、米国が旧体制をもたない、しかも多民族による国家であったゆえであろう。いま一つ考えられる理由は、ヨーロッパの近代思想を素養としてもつ人達のリーダーシップがあったゆえであろう。宗教が科学と併存しているのも、これが過去のアイデンティティを切り捨てた人びとの新たなアイデンティティ形成に有効であったゆえではなかろうか。

注

1）F. ベーコンやJ. ロックがその代表的思想家である。
2）R. デカルト著、落合太郎訳『方法序説』岩波書店、昭和42年を用いる。
　　この書は1637年、デカルトが41歳の時に出版されたものである。これは真理を求めるための方法について論じたもので、デカルトが試みた学問革新の根本的性格を述べたものでもある。その内容は理性によって学問をその本来の姿へ連れ戻す「方法」を解説したものとされている。
3）R. デカルト著、落合太郎訳、前掲書、197頁。
4）R. デカルト著、落合太郎訳、前掲書、197頁。
5）R. デカルト著、落合太郎訳、前掲書、45-46頁。
6）R. デカルト著、落合太郎訳、前掲書。
　　精神は人間固有のものであって、動物といえどもこれは有していない。したがってこの論理に従えば猿も犬も物である。ちなみに、今日では「動物心理学」という学問分野も作られているが、動物に「心」があるか否かはキリスト教社会では長い間重大な問題であったようだ。
7）R. デカルト著、落合太郎訳、前掲書、12頁。
　　ここで翻訳語としての「理性」について少々言及しておこう。デカルトが生きていた時代の「raison」が「理性」と翻訳されると、日本人の多くは今日われわれが認識している、神とは無関係の理性の意味でデカルトの主張を解釈しがちになる。しかしこれではデカルトの思想を正確に理解することはできないのではなかろうか。詳細な比較は省略するが、両者の根本的な違いを言うなら、

前者はキリスト教の神に由来する能力であるが、われわれが日常使う「理性」はキリスト教徒でない者にとっては神とは無関係な能力だからである。ちなみに、このような意味のズレはこの語に限らず翻訳に常に付きまとう問題である。

8）R. デカルト著、落合太郎訳、前掲書、4頁。

9）R. デカルト著、落合太郎訳、前掲書、189, 196頁。

10）R. デカルト著、落合太郎訳、前掲書、第4部、48, 52, 208頁参照。

　　デカルトは言う。このような観念はあらゆる完全性を備えたもの、すなわち神の本性によって私（デカルト）の内に注入されたのであるとしか考えられない。私どもの内なる全てのものは神から来る。神に由来するから、真実ならざるを得ない神は常に信頼できる。ゆえに私どもの明晰・判明な観念は真である。私どもの観念が真である限り神はその作り手である。

11）R. デカルト著、落合太郎訳、前掲書、221-222頁。

12）R. デカルト著、落合太郎訳、前掲書、202頁。

13）R. デカルト著、落合太郎訳、前掲書、148-151頁。

14）R. デカルト著、落合太郎訳、前掲書、145-148頁。

15）『哲学事典』平凡社、1982年7月、606頁。

16）前掲『哲学事典』848、1202頁。

17）ギリシャが古代ローマの支配下に入るBC146年までを古代ギリシャという。また西ローマ帝国が滅亡したAD480年までを古代ヨーロッパといい、それ以降約1000年を中世と言う。

18）伊東俊太郎、「近代科学の源流」、中央公論社、2007年。

19）村上陽一郎、「科学史からキリスト教を見る」、創文社、2003年。

20）S. メイスン著、矢島祐利訳、「科学の歴史」（上）、岩波書店、昭和40年、10-20頁。

21）広重　徹、「科学と歴史」（改訂第3版）、みすず書房、1980年、30頁。

22）福澤義晴、「科学の発見はいかになされたか」、郁朋社、2005年、26頁。

23）広重　徹、前掲書、30頁。

24）福澤義晴、前掲書、49頁。長尾　真、「『わかる』とは何か」、岩波書店、2005年、40頁。S. メイスン著、矢島祐利訳、「科学の歴史」（上）、岩波書店、昭和40

年、153頁。

25）福澤義晴、前掲書、49-50頁。長尾　真、前掲書、6-27頁。S. メイスン著、矢島祐利訳、前掲書、155-156頁。

26）広重　徹、前掲書、263-264頁。

27）澤瀉久敬、「哲学と科学」、日本放送出版協会、昭和57年、94-98頁。

28）中村桂子、「科学者が人間であること」、岩波書店、2013年、158頁。

29）福澤義晴、前掲書、44頁。長尾　真、前掲書、26頁。

30）S. メイスン著、矢島祐利訳、前掲書、180頁。

31）福澤義晴、前掲書、49頁。

32）高木仁三郎、「いま自然をどうみるか」、白水社、1989年、106頁。

33）内井惣七、「科学哲学入門：科学の方法・科学の目的」、世界思想社、1997年、4頁。S. メイスン著、矢島祐利訳、前掲書、6-7, 151頁。村上陽一郎、「科学史からキリスト教をみる」、創文社、2003年、7頁。

34）S. メイスン著、矢島祐利訳、前掲書、158頁。

35）S. メイスン著、矢島祐利訳、前掲書、24, 35-37頁。

36）村上陽一郎、前掲書、160頁。

37）村上陽一郎、前掲書、33-34頁。

38）村上陽一郎、前掲書、65-69頁。

39）村上陽一郎、前掲書、72頁。

40）井山弘幸・金森　修、「現代科学論：科学をとらえ直そう」、新曜社、2006年、17, 62頁。S. メイスン著、矢島祐利訳、前掲書、7, 32-34頁。

　　英語で科学者をscientistと言い表すきっかけを作ったのはケンブリッジ大学教授のウィリアム・ヒューエルで、1834年のことだと言われている（村上陽一郎、前掲書、76頁）。

41）村上陽一郎、前掲書、83頁。

42）森田邦久、「科学とは何か：科学的説明の分析から探る科学の本質」、晃洋書房、2008年、104-105頁。

43）広重　徹、前掲書、271頁。

44）井山弘幸・金森　修、前掲書、25, 54, 79頁。中村桂子、前掲書、88頁。内井

惣七、前掲書、16頁。

45）福澤義晴、前掲書、50頁。

46）中谷宇吉郎、「科学の方法」、岩波書店、1958年、20-22頁。澤瀉久敬、前掲書、27-28頁。内井惣七、前掲書、87頁。

47）井山弘幸・金森　修、前掲書、26頁。機械原理の本質は同一動作の継続的反復である（宗像正幸、技術の理論、同文館、1989年）。

48）福澤義晴、前掲書、47頁。S. メイスン著、矢島祐利訳、前掲書、186頁。

49）中村桂子、前掲書、88-89頁。

50）澤瀉久敬、前掲書、37頁。

51）中谷宇吉郎、前掲書、82頁。福澤義晴、前掲書、35頁。澤瀉久敬、前掲書、72, 124頁。

52）中谷宇吉郎、前掲書、3, 106頁。

53）吉田政幸、「分類学からの出発：プラトンからコンピュータへ」、中央公論社、1993年、63-64頁。

54）澤瀉久敬、前掲書、85-87頁。

55）福澤義晴、前掲書、36, 71頁。澤瀉久敬、前掲書、86頁。

56）澤瀉久敬、前掲書、90頁。

57）澤瀉久敬、前掲書、87-88頁。森田邦久、36頁。

58）福澤義晴、前掲書、37-39, 71頁。

59）内井惣七、前掲書、16-17, 20-23, 247頁。井山弘幸・金森　修、前掲書、54頁。福澤義晴、前掲書、78-79頁。

60）森　博嗣、「科学的とはどういう意味か」、幻冬舎、2011年、131-133頁。内井惣七、前掲書、22頁。

61）内井惣七、前掲書、10, 43, 48, 55-56頁。中谷宇吉郎、前掲書、11-13頁。

62）長尾　真、前掲書、154-155頁。中谷宇吉郎、前掲書、⑭8 - 9, 18頁。

63）森　博嗣、前掲書、75, 79頁。内井惣七、前掲書、155頁。

64）中谷宇吉郎、前掲書、23, 39頁。

65）下村寅太郎、「近代科学史論」、下村寅太郎著作集 2、みすず書房、1992年、417-422頁。中谷宇吉郎、前掲書、11-12頁。長尾　真、前掲書、167-168頁。

66）内井惣七、前掲書、134, 250-253頁。

67）内井惣七、前掲書、6, 134, 251-253頁。中谷宇吉郎、前掲書、17頁。

68）広重　徹、前掲書、35-39, 274-275頁。

　　ある時代に真理だと言われていたことが、後になって新たな知見や分析技術
　で再検討された結果、「あれは間違いでした」と訂正される事例は数多くある。

69）高岡義幸著『持続的成長のためのコーポレート・ガバナンス―株式会社設計
　思想からの考察』広島経済大学出版会、2015年9月1日。

おわりに

　本研究によって、米国経営の性格を形成する要因になっているであろう根底思想をある程度探究することができた。また経営方策の導入を含めた米国経営との関わりにおいて肝要な示唆を得ることもできた。これらを三つのカテゴリーに分けて記しておきたい。

１．最も根底的な要因と考えられるヨーロッパ思想について

１.１　日本において通例「哲学」と翻訳されるphilosophyの内容

１.１.１　「philosophy」はヨーロッパに固有の存在論

　「philosophy」は元来は「実体論」の論理に基づいて、「この世界に存在するものは何か」を問う学問である。そしてそれはヨーロッパに固有の存在論である。しかし日本社会で哲学という場合には意味が拡大されていて、「ものごとについて深く考えること」という意味で使われることが多い。さらに通俗的には「その人のもつ深い人生観」くらいの意味で使われることもある。

　「存在するものはいったい何か」と考える思想は世界中どこにでもあるはずで、ヨーロッパだけの思想ではない。したがってヨーロッパから輸入された「哲学」も決して特別視したり畏れたりすべきものではない。ただその内容に賛同するか否かにかかわらず、欧米の世界を理解するためには正確に理解しておく必要のある思想であることは間違いない。

１.１.２　時代に応じて変化してきた「哲学」

　日本に「ヨーロッパの哲学」として紹介されるものも1600年頃と1900年頃を境として変化している。そのため「哲学」もこれらの時期を境に３つの時期に分けて捉えると分かりやすくなる。

1）古代ギリシャのプラトンからおよそ16世紀の終わり頃まで

　プラトンが「イデア」を「実体」とした上で世界の現象を論じたのがヨーロッパ思想の起源とされるようだが、キリスト教の影響が高まって人格神としてのイエス・キリストが「実体」とされた時からヨーロッパ社会は神（God）を万物の創造主とする存在論の支配する社会、言い換えると神という絶対者を戴く社会になったと言うことができよう。したがって「哲学」は日本社会に浸透している代表的な存在論、すなわち全てのものは因と縁によって形成され、常に変化しているという仏教的存在論とは全く異なる。

2）17世紀初期から19世紀の終わり頃まで

　この時期は「哲学」の内容が変化した時代である。具体的には、神を絶対者とするそれまでの存在論から距離を置く試みがなされた時期である。人間が自己の認識力を表明し始めて、いわば神からの自律を試み始めた時期である。その初期の代表的人物が合理論のデカルトであり、経験論のベーコンだとされている。多くの思想家が新たな自然観や人間観や社会観を提唱し、自由や平等に関する議論も盛んに行われ発展している。米国独立に思想面から大きな影響を与えたとされているジョン・ロックは1630年代以降17世紀を生きた思想家である。

　多くの思想家による神からの自律の奮闘を、日本でよく知られているこの時期の人物で表現すれば、デカルトは17世紀に「われ考えるゆえに我あり」と宣言しておそるおそる神から距離を置き始め、カントは18世紀に神を、言い換えればそれまでの「哲学」を半分否定し、ニーチェが19世紀の終盤ついに「神は死んだ」と主張している。不変とされた絶対性の否定である。

3）19世紀の終盤以降

　19世紀終盤には、ヨーロッパも、この世の中に絶対的なものはなく、全てのものは流転すると言われる時代に入る。「実体が現象を形成する」と言われた哲学の論理の否定である。たとえばサルトルは「現実存在は実体に先立つ」という意味の主張をしている。哲学の論理の180度の転換である。ちなみに、絶対性の否定を側面から支援したのが物理学の分野の発見である。20世紀初期にはマックス・プランクが量子論を唱え、アインシュタインは相対

性理論を唱えた。これらの発見によって、時間も空間も均一のものではないことが明らかにされた。

　このようにヨーロッパの哲学も大きな変化を遂げている。にもかかわらず、日本においては古代ギリシャ以来の存在論や認識論が全て一律に「哲学」として紹介されるので、これは初学者がつまずく一因になっているかもしれない。

1.2　ヨーロッパ思想、あるいはヨーロッパ社会を理解するためのキーワードについて

　この分野の重要なキーワードは数多くあるが、中でも特に重要性が高いと考えられる用語についてその概念を確認しておこう。

1.2.1　理性（Ratio）

　筆者にも、かつてこの語の概念が理解できなくて欧米の書物の趣旨がなかなか理解できなかった経験がある。この語の意味は、日本社会で日常的に用いられる理性すなわち「もっと冷静に理性的に話そうよ」という類いの意味とは全く異なっている。この語が意味するものは、神が人間を創造する際に人間に注ぎ込んだとされる神の知恵・認識力である。ヨーロッパの人たちはおよそ17世紀以降、一方でこの理性に依存しつつも、他方では神に依存しない自己の認識力や判断力を信じ、自己の自律性を高めようと奮闘してきたようだ。

1.2.2　19世紀半ばまでの自然および自然法

　自然概念も日本社会で用いられる意味と大きく異なっている。19世紀半ば頃までは「自然」は神が創造したとされる万物を意味するし、「自然法」は神が万物を創造する際に仕組んだ設計、したがって不備のあろうはずがない神の意思を意味する。もしこれを「自然環境に配慮した法律」などと思っていると、とんでもない迷路に入りかねない。

　ただ19世紀半ばには「自然」から神の意向が追放され、精神が物質に従属

させられる。そのためそれ以降は日本でも使われている自然の内容に近い意味でも用いられている。

1.2.3　人間観

　人間を捉える際にも、人間同士の関係を見る前にまず神と人間の関係が考えられている。そのため人間には神の意向・設計が働いていることが前提とされている。したがって人間には神が仕組んだ、したがって生来不変の個性があると考えられているようだ。ヨーロッパの心理学を学ぶ際にも注意を要するポイントの1つであろう。ちなみに、昨今、学校などでよく言われる「自分探し」も、成長著しい青少年期の若者に、人間には生来不変の何かがあると勘違いさせるリスクがあるのではないかと筆者は危惧している。

2．建国以来形成された米国的思想の特徴

　米国にも、基本的にはキリスト教と共にヨーロッパから伝えられた存在論が継承されている。ただしそれは17世紀以降ヨーロッパにおいてかなり修正された存在論である。少し具体的に言えば、万物は神によって創造されたという思想を保持しながらも、人間の自律性をかなり認めたもの、すなわち人間の意志や認識力をかなり肯定した存在論だと言えよう。元来の哲学と修正された哲学から敷衍して、米国では次のような思想が形成されていると言えよう。

2.1　キリスト教信仰の浸透と存続

2.1.1　財産私有のベースにもキリスト教信仰があると考えられること

　これはカルヴァン派の教えに基づくのではないかと考えられる。自らの肉体を用いた労働を付加したものは私有を許すとされ、しかも財産の所有はそれによって信仰を守るためだとされたために、財産の蓄積が神のお墨付きを得たものとなったのではなかろうか。アメリカンドリームの中核は経済的豊かさ、財産の増殖を基本的目標としているようだ。また今日、会社経営の目

的を出資者の利益増大とすべきだという思想が強く主張されているが、その遠因もここにあるのだろうかと類推される。

2.1.2　キリスト教に依拠したアイデンティティ

　キリスト教に依拠して、米国は神から特別に恵まれた人たちが形成した、特別の国だとする思想があり、未来を向いたこの希望を共有することが米国のアイデンティティとなっているようだ。

2.2　人間の意志と可能性に対する強い信頼

2.2.1　個人の自由と権利を強く認める思想

　個人の自由を強く認める思想がある。19世紀以降、下記の二つの自由主義思想が併存している。自由思想を詳しく見ればもっと細かい分類もなされるが、ここでは割愛する。

1）政府の介入を拒否する個人レベルの自由主義

①　独立期には連邦政府の権限を制限して各州の権限を大きくする主張がなされた。

②　法人観にもこの思想が反映されている。

　　会社形成において、権限の主体は会社にではなく、あくまでも構成メンバーである個人にあるとする思想である。そのため会社の法人化をできるだけ回避する傾向があり、しかも法人化されている株式会社でも、日本のような法人実在説は採らない。

2）修正された自由主義としてのリベラリズム

①　政府の介入による経済格差の平準化を受け入れる。

②　より多くの国民が自由を享受できるように配慮する。

2.2.2　プラグマティズム

　人間の自由な意思による創造力を信じ、それによって新たな成果を生み出すチャレンジが推奨される。日本ではプラグマティズムは単に実用主義などの言葉に翻訳され、具体的な実践面の検討はなされないケースが多いよう

だ。しかしこの思想は成果を確実に生み出すためには具体的に何をすべきかという指針を示すもので、諸条件を含めてこれを日本に導入すれば有用性を発揮しうるものだと筆者は考える。

2.3　科学的方法への強い信頼

米国経営においては科学的方法への信頼度が高い。啓蒙思想の影響を受けた人たちが建国のリーダーになったことによって、近代科学の方法およびそれがもたらす新たな知識や技術を信頼する文化が育成され米国の伝統思想となったのであろう。

2.4　優越意識と差別意識

白人を中核とする優越意識と差別意識が強く存在する。上記のキリスト教信仰と進化論およびこれの論理を借用して作られたソーシャル・ダーウィニズムはこれを象徴する思想と言えよう。19世紀後半に経済的な世界一を達成して得た自信とこれらとが相俟って生み出された思想であろうか。

3. 日本の経営に有効性を回復するために

3.1　輸入方策が不適合に陥る根本原因

これまで輸入された方策を有効に活用することができなかったケースが少なくないのはなぜであろうか。端的に言えば、それは方策を有効に機能させるために必要な条件を整備せずに表層の形式のみを導入したからであろう。言い換えれば、日本社会では米国の経営方策には普遍性があるとあまりにも安易に思い込み、目標実現のために本当に必要なことが具体的で具体的なレベルで検討されてこなかったからではなかろうか。成果主義的人事制度の失敗はその典型的な事例と言えよう。本書のテーマに即して言えば、経営方策や制度の基礎にある根底思想にまで掘り下げた検討をしてこなかったからであろう。

3.2 具体的な事実に基づいて論理的に思考しよう

3.2.1 失敗の原因を徹底的に究明しよう

　人間は失敗をするものであることを前提とし、失敗したらその原因を論理的にかつ徹底的に究明することが不可欠である。しかし残念ながら日本社会では原因究明を「あら探し」と見なす思考傾向が蔓延している。これでは改善点が明らかになるはずがない。原因究明を回避する傾向はぜひとも払拭する必要がある。さもなければ日本の経営に改善は生まれず、ましてや斬新で創造的なものはなかなか生まれないのではなかろうか。

3.2.2 目標実現に至るプロセスを論理的かつ具体的に実行しよう

　目標を立て、これを実現するためには、大局観とともに具体的で小さな目標達成を積み重ねていくことが不可欠である。しかしこのことは日本の経営でどれほど実践されているのであろうか。一部の企業では実践されているであろうが、プロジェクトを立ち上げるに際して肝心の実行レベルのことには踏み込まず、実現されそうもないきれい事の目標を情緒的に作り上げて合意する事例を筆者は数多く見てきた。個人的な経験に固執せず、広く科学的知見を取り入れて構想し実行することが肝要ではなかろうか。

　ちなみに、これらのことが本当に実行されれば、教育の内容にも変化が生まれ、「学ぶことは面白い」と感じられる状況が生まれるのではなかろうか。

3.3 米国経営の買いかぶりと、それへの盲従から脱しよう

　持続的成長の観点から米国経営の思想を考えてみたい。コーポレート・ガバナンスを研究してきた者としての経験を踏まえて言うなら、米国経営においては出資者の利益を最大化することを経営の第一目標とすべきだという論理が今なお声高に主張されている。しかしこの論理では持続的成長は決して実現されないであろう。なぜなら、第一には、社会的側面から見ると今の路線は経済格差を拡大させて社会問題を深刻化させ、持続的成長の条件を阻害すると考えられるからである。米国は19世紀後半に一度これを経験し、自由主義思想に修正を加えたはずだが、今またこの問題を当時とは比較にならな

いほど大規模に発生させている。

　第二には、この路線はエコロジーの側面から見ても持続的成長を可能にするものではないからである。今は地球上の人間の活動が量的にも質的にも19世紀後半とは比較にならないほど巨大化している。そのため地球が熱の交換を除いて閉鎖系であるという地球全体のエコロジカルな根本問題を踏まえて対策を立て実行せねばならない段階に来ている。

　日本においてもESGやSDGsなどの輸入言葉が多用されているが、実態は情緒的で空疎なお題目に止まっていると言わざるを得ないようだ。この問題に関しても日本は「遅れている」と言うが、それはこれまで、客観的な証拠を踏まえて実効性のある具体的な対策を本気で考えてこなかったからである。日本社会はいまだに高度成長期の幸運とバブル期の繁栄の「成功の罠」から抜け切れていないように考えれるが如何であろうか。人間は取り返しのつかなくなるまで事の深刻さに気づかないのであろうか。

〈執筆者略歴〉

高 岡 義 幸（たかおか　よしゆき）

1973年　　神戸大学経営学部卒業

1977年　　米国、ローマリンダ大学経営学部卒業

1978年　　広島経済大学助手、その後、講師、助教授

1988年　　ドイツ、アメリカ両国で1年間在外研究

1989年　　広島経済大学教授就任

2020年　　広島経済大学退職

著　書　　『経営学への手引き』学術図書出版社、1995年

　　　　　『企業経営の基本論理』学術図書出版社、1997年

　　　　　『経営学—実践の指針と論理—』学術図書出版社、1999年

　　　　　『ビジネスの基礎知識』ふくろう出版、2006年

　　　　　『ビジネスマネジメント—採算から戦略、組織、会社制度
　　　　　　まで—』ふくろう出版、2009年

　　　　　『持続的成長のためのコーポレート・ガバナンス—株式会
　　　　　　社設計思想からの考察—』広島経済大学出版会、2015年

米国経営の根底思想の研究
－米国から導入した政策はなぜ不適合を起こしたのか－

2022 年 8 月 30 日　初版発行

著　者　高岡　義幸

発　行　**ふくろう出版**
〒700-0035　岡山市北区高柳西町 1-23
友野印刷ビル
TEL：086-255-2181
FAX：086-255-6324
http://www.296.jp
e-mail：info@296.jp
振替　01310-8-95147

印刷・製本　　友野印刷株式会社
ISBN978-4-86186-863-4　C3034
©TAKAOKA Yoshiyuki 2022

定価はカバーに表示してあります。乱丁・落丁はお取り替えいたします。